愿余生随遇而安,步步慢

梁晓声 著

辽宁人民出版社

ⓒ 梁晓声 2020

图书在版编目（CIP）数据

愿余生随遇而安，步步慢 / 梁晓声著 . —沈阳：
辽宁人民出版社，2020.11
ISBN 978-7-205-09940-4

Ⅰ . ①愿… Ⅱ . ①梁… Ⅲ . ①散文集—中国—当代
Ⅳ . ① I267

中国版本图书馆 CIP 数据核字（2020）第 158346 号

出版发行：辽宁人民出版社
    地址：沈阳市和平区十一纬路 25 号 邮编：110003
    电话：024-23284321（邮 购）024-23284324（发行部）
    传真：024-23284191（发行部）024-23284304（办公室）
    http://www.lnpph.com.cn

印 刷：天津旭丰源印刷有限公司
幅面尺寸：145mm × 210mm
印 张：8
字 数：170 千字
出版时间：2020 年 11 月第 1 版
印刷时间：2020 年 11 月第 1 次印刷
责任编辑：祁雪芬
封面设计：杨 龙
版式设计：新视点
责任校对：吴艳杰
书 号：ISBN 978-7-205-09940-4
定 价：45.00 元

目 录 Contents

第一章
生活就是为了活着的时时刻刻

一切人生状况的巨大反差，
似乎从来也没入过他的眼。
他一向是那么的平静而又友善地看待周边的世相。
天真而又无邪地笑对之，
似乎便是"淡泊"二字的活的人体字形。

003　小街啊小街

030　母亲养蜗牛

039　第一支钢笔

044　一天的声音

049　永久的悔

054　被围观的感觉

059　兄长

083　窗的话语

第二章
平凡就是生命本来的样子

小百姓的生活是近在眼前伸手就够得到的生活，
正是这一种生活才是属于我们的。
牢牢抓住这一种生活，
便不必再去幻想别的某种生活。

091　歌者在桥头

098　五角场·阳春面·蜡像馆

109　看自行车的女人

116　人生的意义在于承担

119　平凡的地位

129　只想当"小知识分子"

132　本命年杂感

139　给妹妹的信

第三章
思量得失之间,拿得起也要放得下

有理想是一种正确的生活态度,
放弃理想也是一种正确的生活态度。
有时,后一种态度,
作为一种活着的艺术,乃是更明智的。
有理想有追求是一种积极主动的活法,
不被某一不切实际的理想或追求所折磨,
调整选择的方位,更是积极主动的活法。
一种活法,只要是最适合自己的,
便是最好的,最美的。

147　最合适的,便是最美的

153　我的少年时代

157　我的梦想

170　为自己办一所大学

175　"理想"的误区

179　父亲的演员生涯

189　心灵的花园

第四章
世界繁乱，我们能够改变的恰恰只有我们自己

若我患病，就会想，
许多人都患病的，凭什么我例外？
若我生癌，也会想，不少杰出的人都不幸生了癌，
凭什么上帝非呵护于我？
若我惨遭车祸，会想，车祸几乎是每天发生的。
总之我以后的生命，无论这样或那样了，
都不再会认为自己是多么的不幸了。

197　人间自有温情在

206　我如何面对困境

211　我和橘皮的往事

215　我的使命

221　"过年"的断想

225　赏悦你的花季

228　玻璃匠和他的儿子

236　种子的力量

244　做竹须空，做人须直

第一章
生活就是为了活着的时时刻刻

一切人生状况的巨大反差,
似乎从来也没入过他的眼。
他一向是那么的平静而又友善地看待周边的世相。
天真而又无邪地笑对之,
似乎便是"淡泊"二字的活的人体字形。

第一章
生活就是为了活着的时时刻刻

小街啊小街

一

其实，此文题并非初衷。我原本要起的，是"小街无语"或"小街断想"之类。然而，落笔现字，却觉意犹未尽。沉思默想，几经斟酌，仍难确定。于是，只有"啊"。

中国许多城市中的许多小街，早已先后在"城改"中名存实亡。城市旧貌换新颜，乃近二十年来的发展成就，造福祉于百姓，其好甚大。对那些简直就是贫民窟的小街的消失，若竟生什么凭吊似的感慨，除了说明文人的矫情，再并不能说明别的什么。

但我还是很有些感慨。若别人认为便是凭吊，我也无言可辩。

有时想来，每个人的一生，可以由多个方面来划分阶段。比如年龄阶段；比如婚前婚后；比如从事这种工作以前，从事那种工作以后，等等。

愿余生随遇而安，
步步慢

　　然而我的人生，确切地说，我的城市人生，也可以由三条小街来划分的。其一曰安平街；其二曰光仁街；其三曰健安西路。

　　我的五十七年的生命，除了下乡六年，大学三年，在原北京电影制片厂院内的一幢老旧的筒子楼里住过的十一年——总共二十年，另外三十七年，只不过被三条小街全部占有了去。或换一种说法，被三条小街牢牢地拴住了。或再换一种说法，与三条小街发生着命里注定似的人生关系。

　　人生竟也是如此简单的一种加法。

　　我心难免因而悄然。

　　"啊"，主要是由此而发的。

　　先说安平街——它是半个多世纪以前的哈尔滨市边角地带的一条小街。岁月催人老。我竟讲起半个多世纪以前的事了，且是自己的人生的一部分，不由得不感慨。

　　在半个多世纪以前，在哈尔滨市的那一处边角地带，数条小街曾以"非"字形存在。一条纵的有缓坡的较宽的土路，将分别叫安平街、安心街、安宝街、安国街、安顺街、安达街的六条小街排列两旁。我已经记不清那一条土路叫什么路了，更无法确切地说出安平街是它的六小"横"中的哪一"横"。

　　安平街长约五六百步，街路自然也是土路。在当年的哈尔滨市的边角地带，几乎一切的街路全都是土路。安平街宽三十余步。无论与南方某些城市里的小街相比，还是与哈尔滨中心区的某些小街

第一章
生活就是为了活着的时时刻刻

相比，它实在算得上是一条够宽的小街了。这乃因为，居住在那一带的哈尔滨市的先民，其实没几户是中国人家，十之八九是苏联"十月革命"之后流亡中国的老俄国的侨民，被红色政权所不容的那样一些老俄国人。苏联电影《列宁在十月》中，有一段列宁和他的贴身卫士瓦西里的对话是这样的——

瓦西里：我们起初想把那些地主富农全都杀掉……

列宁：唔？

瓦西里继续读他的农村老乡写给他的信：但我们又一想，那样做太不人道了。我们革命者是应该讲人道的，所以我们将他们赶跑了……

列宁：唔？赶到哪里去了？

瓦西里：我们将他们一直押到边境，赶到别的国家去了……

列宁：对！这样做很对。这一封信写得很好啊，很有水平啊！……

列宁所称赞的，并不是将自己国家的地主富农赶到别的国家去了有多么对多么好，而是竟没有采取一了百了彻底消灭的方式"把那些地主富农全都杀掉"。

而那赶到了"别的国家"，就有中国。

老俄国的某些贵族们，在"十月革命"之风声鹤唳之前，便有不少逃亡到了哈尔滨。他们从国内所带出的金银财宝，足以使他们

愿余生随遇而安，
　步步慢

在当年的哈尔滨继续过着富有的准贵族的生活。在哈尔滨市的道里、道外、南岗三大中心市区，他们兴建楼宅，投资商场，依旧活得来劲儿。道里区的所谓"外国头道街"至"十二道街"，亦即现在成为步行街的"中央大街"及两旁的街道上一幢挨一幢的美观的俄式建筑风格的楼房里，所居住的便是他们。至于从老俄国逃亡出来的一些小地主和富农，他们挤不进本国逃亡出来的贵族们在哈尔滨市占领了的地盘，便只有在城市边角地带重建家园。我想，有些事，他们肯定是共同出资，比较齐心协力地来做的。否则，当年遗留下来的那些街路，断不会那么的宽，那么的直，那么的平坦。那起初显然是经过压道机反复碾压过的一些沙土混合而成的街路，路面两旁有排水沟。沟宽约一米，其上铺木板。下雨天，人若怕弄脏了鞋，是可以走在排水沟的木板上的，就像走在人行道上。如果谁穿的是后跟钉了铁钉的皮鞋或靴子，走在其上，木板也会发出空洞造成的声音，挺好听。在两道排水沟的内侧，无一例外地是围在各式各样的窗前的大小花园。俄国人，现在又应该这么称呼他们了——他们对于家宅的窗，是很讲究的。每一扇都具有审美的特征。尤其早晨，当一扇扇美观的护窗板对开以后，仿佛一册册装帧美观的书翻开了。俄国人也是喜欢花的，有些花，比如被哈尔滨人叫作"扫帚梅"的一种其茎能长到一人多高的好看的花，据说就是由他们将花籽带到哈尔滨的。"扫帚梅"开有红、白、粉三色，是一种根本无须侍弄的花。只要哪一年在哪一处地方曾生长出几

第一章
生活就是为了活着的时时刻刻

株,那么来年那地方准会开出一片来。它是一种哈尔滨人特别熟悉也特别喜欢的花。

当年那些俄国人的家都是独门独院的,有的院子大到如同小学校的操场。依我想来,那些俄国人家大约是逃亡出来的地主吧?他们的院子里甚至有马棚,有漂亮的带顶罩的俄式马车和高大的洋马匹。而那些院子较小住宅也较小的人家,则大约是从老俄国逃亡出来的富农。富农之所以是农也富,几乎全靠了比贫农多一些土地。大抵,他们仅富在农业产品的秋后拥有方面。一旦离开了曾属于他们的土地,他们往往也就不再富了。富农这一概念和富人的概念是很不同的,估计他们当年没有多少钱财能从老俄国带出来。老卢布作废了,他们当年确有些钱也都成了废纸,所以他们当年不能在哈尔滨过上食积服蓄而又高枕无忧的日子。他们必须为他们的生活做些事情,然而他们是农民出身的人,不会什么可以依赖着挣钱的手艺和技能。于是他们在不甚大的院子里养奶牛、奶羊,或养兔和鹅。在老俄国爆发"十月革命"的前后,当年中国哈尔滨市的那一地带,基本上是他们那样一些逃亡到中国的俄国人的居住地,或曰避难所。哈尔滨市的那一地带的人居状态,实际上是一种俄罗斯的乡村情形。

借助于苏联的出兵,黑龙江省在一九四七年就已经"光复"了,比全中国的解放提前两年。黑龙江省"光复"之前,一批俄国人又仓皇地继续逃亡到蒙古国去了。"光复"后,在苏联的要求之下,也有一批被遣送回他们本国去了。那时,才有些中国人家开始定居在那一地带。许许多多带大小院子的俄式房屋由他们的主人贱卖,或由哈尔滨市的有关官员监督着进行公开的拍卖。当年买一处独门独院的不十分大却也绝不算小的俄式住房,那价格真是便宜到了今天的中国人难以想象的程度。这是一个千载难逢的好机会。在当年,闯关东的人家,借钱也要买下一处家园了啊。机不可失,时不再来啊。一户人家买不起一处宅院,便几户人家合着将这买下来。原先认识不认识,已经变得不重要,便宜到什么程度才是下决心的前提。更有那富人家,趁机广置房产,租给终究还是买不起住房的穷人家。

及至我两三岁时,也就是一九五一年、一九五二年前后,哈尔滨市的那一地带,人家已经变得相当稠密了。从前一户俄国人住的院子,至少已经住着两三户中国人家了。有的房屋多的大院子,甚至住着十一二户人家。街名,也是在那一时期取定的。

两三岁的我开始记事了。我的家住在安平街十三号,那是一个长方形的大院。包括我家在内住着八九户闯关东来到哈尔滨的人家,皆为山东各县的。整个院子是由一户人家买下的,邻居们都是租住户。我家住着院子最里边的一处小房屋,两间。大间十五六平方米,小间十一二平方米。还有一个五六平方米的护门小屋,哈尔滨人叫"门斗"。虽是俄式房屋,但毕竟相当老旧了。当年我家五口人:父亲,母亲,哥哥,我,和刚出生的三弟。

第一章
生活就是为了活着的时时刻刻

在我的记忆中，那是我家的一段相对幸福的日子。父亲才三十几岁，身体强壮；哥哥学习很好，特别懂事又特别有礼貌。母亲呢，她是那么的勤劳。征得了房东的同意，居然在自家屋后养了两口猪。

安平街上，依然有几户俄国人家住着。安平街上的俄国教堂，每天早晨依然会有大钟敲响。教堂的院子与我家所住的那个院子，仅仅由一道木板障子隔着。两个院子都是安平街上最大的院子。

在我的记忆中，每天早晨大钟敲响以前，先是远近雄鸡的啼鸣；大钟敲响以后，该听到一串串的俄语。或男人的声音，或女人的声音。那几户俄国人家，要趁早遛遛他们养的奶牛或奶羊，就像如今养宠物狗的人家遛狗那样。他们的牛羊如果不每天走走，大约是会被圈出病来的。他们倒也比较懂得公德，带着撮子和铲子，会将牛羊粪干干净净地铲起来。如果他们不那样，街道组长便会找上门去，严肃地批评他们。街道组长的批评对于中国人家并不是一件值得不安的事，有时不服，与之顶撞的情况是经常发生的。但对于那几户俄国人，街道组长的批评是必须认真对待的事，他们往往显出诚惶诚恐的样子。总之，样子肯定是那么一种样子。内心里如何，就不得而知了。他们在中国住久了，听和说中国话，都已基本上不成问题。套用今天我们中国学生英语考级来比喻，说他们都差不多具备四级汉语的听说水平，大概不算是夸张。

六点到六点半时，如果是夏天，如果那时我醒了，可以听到院子里的男女大人在互相打招呼。互相打招呼的男人，大抵又同时是在家门前漱口、洗脸。家家户户的门前都有一张简陋的长凳，或者有一块被砖石垫高的长木板。它的功用就是放脸盆，全家人在外边洗脸的。夏天的晚上，一家人往往也会坐着它把脚都洗了……

七点到七点半之间，院子里和街上便会接连不断地响起自行车清脆的铃声——那是家家户户的男人们上班去了。哈尔滨市的这一地带当年没有工厂，男人们都要到别的区域去上班。当年公共交通路线也没有通到这一地带，自行车对于男人们是必不可少的。当年国产的自行车或许还没生产出来，他们骑的皆是二手的外国牌子的自行车。日本造、俄国造或德国造。那是外国人仓皇而去之前卖给中国人的，据说有时便宜到了和一件旧衣服的价格差不多。男人们很在乎他们的车铃响得清脆不，那似乎意味着体现他们阳刚之气的一部分。

父亲们上班去了以后，院子里随之出现已经是学生了的孩子们的身影。他们在上学之前须将家里的尿盆倒了，那通常是他们的家庭义务。等他们也上学去了，女人们才终于有空从家里走出到院子里。街上的每个院子里自然都会有一处公共厕所。女人们一出家门，往往的，径直便向厕所走去。她们便在那时相互说些话，无非是"上班的打发走了吗？"或"全家都吃过了吗？"——倘若厕所里有人，两个女人便会在厕所外继续说话。厕所里的人一出来，两个等着的女人之间还会互相礼让一番……

"你先，你家有老人。"

第一章
生活就是为了活着的时时刻刻

"你先嘛,你家不是活多嘛!"

如今回忆起来,那情形是很好笑的。

而几分钟以后,便有胖胖的俄国"玛达姆"推着小车逐院卖牛奶了。有时,卖牛奶的也会是一个漂亮的俄国姑娘。我们的母亲们,往往会一起逼着漂亮的俄国姑娘唱歌跳舞。都说,否则不买牛奶。那是她们的一乐,俄国姑娘只得唱和舞。而孩子们一听到歌声,便争先恐后跑出家门围着看,那是我们孩子最初的文娱欣赏。

一个来小时以后,也就是上午九点钟左右,院子里也罢,街上也罢,归于平静。

那一种平静,是今天的城市里人所无法想象的,也是今天的城市里人所梦想奢望的。尤其街上,不但平静到没有任何声音,也会很长时间不见一个人影。

尽管人口密度已经大大地增加了,但相比于今天的城市,同样范围内的人口,那也还是少得多。

确乎的,当年哈尔滨市的那一地带,虽然属于城市的一个地带,但是却更像乡村。所谓都市里的乡村,中国都市里的俄国特征显然的乡村。

如今我一回忆起安平街,似乎还能闻到那一条小街的气息——家家户户临街的窗前那些小花园里各种花粉的气息;从某些人家的板障子后边将丫杈探向街上的榆树的气息;俄国人住的院子里散发出来的料草的气息;牛粪羊粪那一种潮湿的中药般的气息;还有泥

愿余生随遇而安，
　步步慢

土本身的气息……

如果是在雨后，一切气息混合了，时浓时淡的，细细地嗅闻，竟有点儿甜似的。即使是住在安平街上的一个盲人，仅凭那气息，也会知道自己是走在安平街上的。比之于其他几条安字头的街道，安平街是格外具有气息的一条街。因为一处东正教堂在这一条街上；因为这一条街上临街的花园多，几乎无窗没有花园；还因为这一条街上始终住着几户俄国人，他们也始终养着牛、羊和马……

我在安平街上度过的学龄前的童年时期，乃是我人生中最快乐的时期。家里的生活尽管清贫，但在那个年代，无论大人还是孩子，对生活质量的要求是极低极低的。这样的人类自然是容易快乐的。我的回忆使我至今相信——如果说人类的不快乐有三分之二是由于清贫所致，那么也许有三分之一恰恰是由于对享受式的生活太过奢望而自造自加的烦恼吧？

我上小学以后，安平街几乎可以说是迅速地变成了一条老朽的街。另外几条安字头的街，亦是如此。首先是因为人口密度迅猛增加，这儿那儿，自建的小屋满目皆是了。它们占据了街道，街道变窄了。花园的面积是可以私下里成交卖钱的，所以街两旁的小花园也几乎全都不见了。街道两侧排雨水的水沟，成了众多人家倾倒泔水甚至屎尿的地方。人口密度迅猛增加了，街上却还没有盖起一处公共厕所。变窄了的街路，每年都向沟里塌土，有些沟就被填满了。一到雨季，街路整段整段地被雨水终日浸泡，变得泥泞不堪

第一章
生活就是为了活着的时时刻刻

了。而那些俄式的房子,斯时存在于中国地面上的岁月,大抵都有四五十年那么长久了。它们又普遍是些铁皮顶板泥结构的房子,每年都需进行维修的。它们的主人变换成清贫的中国人以后,又大抵是维修不起的……

在我读小学五年级时,最后的几户俄国人也被遣送回国了。教堂归公了,却也不知该如何利用它的房屋和院子,所以任房屋闲置着,院子荒芜着,教堂钟楼上的钟,就再也没被人敲响过……

我上小学六年级时,安平街上要兴建一座铁丝厂。教堂被拆除了。我们那个大院里的人家全都成了动迁户,先后搬走了,最后仅剩我家和隔壁的陈大娘家了。

院子是没有了。

那厂房盖盖停停,三年还没有完工。我家和陈家的房子,被建筑工地的垃圾堆四面包围,连条通向街上的路都没有了。那几年的夏季雨多,工地上到处挖地基坑,变成了一个又一个大水坑。坑里的水无处排流,连我家和陈家的屋里都渗出一尺多深的水来了……

厂方原本是想节省两处房子,不动迁我家和陈家的。陈大娘的丈夫早已去世,只她和两个女儿一个儿子;而我父亲,当年已到四川工作去了。"把我们两家的家院搞成了这样,却还不打算动迁我们,这明明是欺负我们两家没有和他们进行理论的男子呀!"好性情的母亲终于忍无可忍,生气了。生气了的母亲,在一个月里,代表陈大娘家,找了三次市委……

愿余生随遇而安，
　步步慢

二

　　光仁街是一条宽仅七步半的小街。是的，宽，仅七步半。而且，是以一个少年的步子来踱量的。倘它不叫"街"，叫什么什么胡同，那就不能算窄了。但它明明是叫一条街。我和母亲第一次出现在那条街上时，母亲站在街的中央，左右扭头望望，踟蹰不前地说："这条街，太窄了。"于是我就默默地迈步来量它，之后告诉母亲："七步半。"我的意思是——七步半呢，不窄了。但我却希望母亲并不那么觉得，我已经陪着母亲看过几处地方的房子了。显然，铁丝厂的人认为，如果给我们家这样一户动迁户安排了一处说得过去的房子，那他们就太吃亏了，也太让我家占便宜了。所以我们去看过的房子，不是紧挨着肮脏的街头厕所，就是由铁道线边上的一些临时工棚马马虎虎改造的。终于看中了一处房子，母亲又主动让给陈大娘家了。母亲这样做，我和哥哥也都是支持的。陈大娘对于我有如第二位母亲，我愿一辈子含辛茹苦的陈大娘晚年能住上较像样子的房子。然而我早已满腹怨言了。因为帮母亲拿这等大主意的本该是哥哥，可哥哥是中学里的学生干部，没时间，所以母亲只有每次拉上我给她做参谋。可我才是一名小学生，并不能实际地起到参谋的作用。在我看来，每一处住房都是我们全家应该立刻搬去住的，哪怕后窗对着厕所的门，哪怕一天要听无数次载货列车过往的噪音。因为我们的家早已不像是人家了，而更像一处被建

第一章
生活就是为了活着的时时刻刻

筑垃圾包围着的两栖动物的穴。臭水淹了床脚，泡着炉壁，屋里搭着使人不至站在臭水里的踏板，我家的人可不很像水陆两生的动物嘛！我巴不得能早一天离开那样的穴。

然而母亲终究是一位母亲。肯定的，在她想来，那也许是她为全家选择一处住房的唯一一次机会，而且也将会是她这一辈子的最后一处家。她试图为我们全家人考虑得周到一些是理所当然的。

"儿子你看，那儿更窄了，街两边的人都开了窗可以隔街聊天了！"

母亲对光仁街表达着不中自己意愿的看法。

我反驳道："那又有什么不好？"

母亲又说："咱们从前的安平街多宽啊！"

我光火了，气不打一处来地抢白她："安平街是过咱们的吗？它再宽那也是从前！"

母亲瞪我一眼，不理我了，径自慢慢地往前走去，边走边左看右看的。分明的，街两旁低矮的东倒西歪的房屋，给她留下的是极其糟糕的印象。

然而光仁街十三号，却是一个不小的院子。院中的房子倒也齐整，起码不东倒西歪的。外墙都刷了白灰，窗框门框都刷了绿油。那样的房子，在我眼里，简直够得上美观了。

母亲脸上终于露出了满意的表情。

她问我："你觉得这个院子怎么样？"

愿余生随遇而安，
　步步慢

　　我说："好！"

　　母亲却说："也有一点不好。比街面低不少呢！夏天，街上的雨水肯定会往院子里流的。"

　　我又生气地说："看都搬来好多家了，别人家都不担心，怎么就你担心！"母亲复瞪我一眼，又不理我了。说那个院子不小，是相对于光仁街而言的。比起我家在安平街住过的那个院子，那还是小多了。院中公有的空地，只有前者的五六分之一。三面是住房，一面是各家各户的煤棚。有两扇对开的院门，门旁是公厕。全院只剩一处空房子了——两间。大间十五平方米，小间八九平方米，带门斗，前后窗。母亲在空房子里时，一个女人走出家门，主动和母亲打招呼。她家也是安平街上动迁过来的，和母亲认识。她说："要是看中了，趁早搬过来吧，正好咱们两家成了住一个院子的近邻。"母亲说："当家的远在外省，我得和孩子们商议商议。"我立刻说："妈，我同意！"那女人笑道："真是你妈的好参谋！"母亲看我一眼，也不由得笑了，还抚摸了我的头一下……就这样，我家从安平街搬到了光仁街。那时已是九月。穷家易搬。厂方给出了一辆卡车，仅一车就搬了个一干二净。我们在新家过的"十一"。里间外间都搭了床，全家六口分两张床睡，我从没睡得那么宽绰。母亲的心情也从没那么好过，脸上经常浮现着满足的微笑。"十一"那一天，她还有极好的情绪率领她的四儿一女逛了一次动物园。

第一章
生活就是为了活着的时时刻刻

两个月后,冬季来临了。那一年的冬季可真冷啊!正是备战的年份,据说好煤都由国家储存起来了,供给居民冬季取暖的只不过是煤粉。不好烧,炉膛里的火总是半燃半熄的,往往连一顿大楂子粥也不易煮熟。那一个冬季,母亲和我们几个孩子全都被冻感冒过。春节的日子里,轮到了我发高烧。然而那我也还是在三十儿那天晚上将地板刷了一遍。不是刷油,是用刷子蘸肥皂水刷裸纹的地板。终于又住上有地板的房子了,干吗不将它刷得清清洁洁的呢?发高烧又有什么呢?谁又没发过高烧呢?

尽管我们的新家冻手冻脚的,然而我们有珍藏的旧年画用图钉按在墙上;有母亲的巧手剪成的拉花悬在天花板上;所有的门两旁,还贴着哥哥用工整的毛笔字写的对联。初一邻居们相互拜年时,都夸我们的家里最有过春节的气氛。漫长的冬季总算挨过去了,母亲和我们对春天的到来显出异乎寻常的欢喜。五月份,大地一开始变得松软,我便向邻家借了一辆小推车,动员了两个弟弟,每天一放学就这里那里到处去发现黄土堆,挖掘了,一小推车一小推车地往家里推。有时,要去到离家很远的地方。

七月,我小学毕业了。我和两个弟弟托出了百余块土坯,并且它们都已经晒得干干的了。八月,是我小学阶段的最后一次暑假。在这个月份里,我为我家的两间屋子盘成了两铺火炕,炕面和炕墙糊了一层又一层的旧报纸。我是瓦匠的儿子,那些活对我并非难事。试烧了几天,烟路通畅。母亲见我们那么能干,一高兴,手就松了,居然舍得了两元多钱允许我买了一盒油漆。我极为节省地用光了一盒绿色的油漆,于是两铺炕成了绿色的。我在盘火炕时,不小心弄穿了一面墙的墙根。其实也不能怪我不小心,那墙实在太是一面骗人眼睛的墙了。原来,那院子本是一个加工纸盒的街道小厂。开不下去了,就被铁丝厂收购了去。把全院的房子草草伪装了一番,用以应付动迁的人家。我家的房子是最后一套,干那种活的人们更是应付了事,仅仅用些草绳就马马虎虎编了一面墙,里外抹上泥,人眼又怎么看得穿呢?我怕母亲发现了真相,后悔搬到这个院子里来。趁母亲不在家里的半天,把那堵墙根推倒,用剩下的土坯重砌起来。等母亲回到家里,我已大功告成。

九月,父亲回来探家了,父亲对我们的新家也很满意。新邻居们的关系相处得特别友好,这令父亲对生活产生了满心怀的感激。他说:"等我退休了,能在这个院子里养老,岂不是我前世修来的福吗?"他对我盘的两铺火炕,也予以了郑重其事的表扬。他为我家的前后窗都围起了小院子。我家的房子虽然在全院是最小的,却因为是最把头的一套,前后窗前都有理属我家的空地。母亲向街坊要了几种花,而我趁夜从一所疗养院的院子里盗挖了一株槲树苗。于是我家前窗外有花,后窗外有树,使邻居们大为羡慕。

我们这一家的小百姓生活,似乎已开始过出了几分诗意。对于我的理解,幸福的生活似乎并非梦想了。

但父亲临走时却大发了一顿脾气——他不同意哥哥考大学,

第一章
生活就是为了活着的时时刻刻

要求哥哥找工作。可哥哥却一心渴望上大学,母亲暗中支持着哥哥。事情还惊动了校方,哥哥的班主任老师陪同一位副校长来到家里,批评了父亲一通。

父亲走的那一天,恰是哥哥大学考试的第一天。

哥哥谎说去找工作,没送父亲。

我代表全家将父亲送到了火车站。

父亲辩解似的对我说:"爸开始老了,实在是没能力供一名大学生了啊!"

列车一开,我看到父亲眼中流下了泪……

我先收到了中学录取通知书;几天后哥哥收到了大学录取通知书;又过几天母亲被选为街道组长。

我家这一户新搬到光仁街上才一年的人家,因为母亲是街道组长,因为出了一名大学生,成了一户颇受尊敬的人家。对于哥哥考上大学,我一点儿都不奇怪,那是我预料之中的事。哥哥之善于学习,正如我之善于托坯盘火炕。但母亲居然被选成了街道组长,却是我怎么也想不到的事。在短短的一年里,她怎么就赢得了几十户人家的好感呢?我百思不得其解。

那些日子里,母亲脸上经常浮现着微笑。我看得出来,她特有成就感。

对于我来说,我家的幸福生活,到来得是未免太顺利了呀。

那一年的冬季我家里温暖如春。

那一年的春节我把家粉刷了一遍,四壁滚上了好看的花样。我把我们小小的温馨的家当成了一个王国。父亲远在外地,哥哥上大学去了,我就是国王。我可以随心所欲地对我们的家施行美化性的改造,母亲只偶尔地"垂帘听政"。倘我不向她伸手要钱,母亲从不反对我的任何主张。

当年秋末,哥哥被大学里的人护送回来了——他患了精神病。

从此我家的生活不再有丝毫的诗性可言,幸福一去不复返。父亲和母亲,也永远地失和了。我想,他们可能一直到死,都谁也没有真正地原谅了谁——父亲认为母亲支持哥哥考大学是绝对错误的;母亲则认为,哥哥得了精神病,纯粹是由于父亲施加给他的心理压力太大了……

弟弟妹妹们失去了欢乐……

我成了班级里学习成绩最差的学生……

又两年后,我为了替家里挣份钱,无怨无悔地报名下乡去了。依我想来,要治好哥哥的病,前提是得有钱。只有治好了哥哥的病,母亲脸上才会重现微笑;弟弟妹妹们才会重享欢乐;父母才会彼此和解;诗性才会回到我们的生活中来,幸福才会回到我们的生活中来……

我那时当然还不明白,精神病是无法根治的。

我下乡以后,从地理上讲,父亲离我是更遥远了。从心理上讲,我离父亲反倒像是更贴近了。因为我终于也和父亲一样,成了

第一章
生活就是为了活着的时时刻刻

一个能够挣钱养家的人,而这正是我所梦寐以求的事情。

光仁街十三号,它成为我和父亲的共同的意识中枢。我和父亲每月各自将钱汇往这个地址。我们的目光,从东北边陲和西部的大山之间,共同关注着光仁街十三号——这个院子里有家啊!

我和父亲相见一面更难了。

父亲从四川回到哈尔滨市的光仁街十三号,竟往往需要六天;而我从北大荒回到光仁街十三号,一路顺利,不住店,那也得经历一个白天和一个夜晚。

我和父亲不容易在同一年的同一个月里请下探亲假,我和父亲见上一面特别的难了。

在我下乡的六年多里,光仁街一天比一天破落了。它的姊妹街光义街、光理街、光智街、光信街,也全都一天比一天破落了。因为那些街道,原本就不曾怎么地像过街道的样子。解放以前,那儿只不过有一处日本兵营、一处日本军妓馆,旁边是一幢日本军官们住的小二层楼。那么解放以前,中国的老百姓谁敢在那儿安家呢?新中国成立后才逐渐有老百姓建家院,从四面八方迁住到那个被城市荒弃的地方。刚解放的老百姓,尽是一穷二白的老百姓,当初自建的家院有多么简陋可想而知。那些后来被文化人起了很文化的街名的街道,当初只不过是一种自然形成的家与家、户与户、屋与屋、院与院的距离而已……

我上大学那一年,途经哈尔滨,在家里住了两天。那两天大雨中雨小雨接连不断，立体的光仁街笼罩在雨中；平面的光仁街浸泡在水里，像一只不知被雨水从哪儿冲过来却又被什么东西挂住了的破鞋子。

不少人家的房屋倒塌了。

我家也塌了一面墙。

我走时，我哭了……

"文革"后，两个弟弟一个妹妹成家了；父亲退休了；起先住五六口人的家，东接出几米，西盖出几米，成了四个家庭三代人共同拥有的一个阴暗潮湿的半地上半地下的窝。我自然是经常想家的。然而，一旦批下了探亲假，我又往往会愁眉不展。回到家里，可叫我睡哪儿呢？跟谁睡在一起呢？直到一九九六年，所有那些"光"字头的街道，才由市政府整合了各方面的资金，一举推平了。住在那一带的老百姓们，才终于熬出头了……

三

我现在住在健安西路原中国儿童电影制片厂的宿舍楼里，是一幢一九八四年盖的楼，可以算是一幢旧楼了。

我曾在北京电影制片厂院内的一幢危楼里住了十一年，那原是一幢小办公楼。未经改造便分给了北影的一些员工，家家户户都没厨房，都在走廊里占据一小块地方做饭，共用公厕。我有幸在那一

第一章
生活就是为了活着的时时刻刻

幢楼里分配到一间十三平方米的阴面房间。

儿子小学二年级时,也就是一九八八年十月中旬,我从北影调到童影,于是住进了一九八八年底还很新的单元楼房。其实,我主要是为了能使父母在有生之年享受享受住单元楼房的福气,才毅然决然地从北影调到童影的。

我对童影始终深怀感激。因为童影使我的愿望提前实现了,而且实现得比我的预期更加令我心满意足。事实证明我的决定完全正确——旧家具在新家里刚刚摆放稳定没几天,父亲便接到我的信又来北京了。那一年我已虚岁四十。那一年父亲已是七十七岁的老人。那一年健安西路还是一条白天晚上总是寂静悄悄的小街。那一年童影门前的马路上过往车辆还很少;学知口那儿也没有立交桥;元大都土城墙遗址只不过是一道杂草丛生的土岗而已……

那一年的十二月份,父亲在我的新家病逝。作为新中国的第一代建筑工人,他终于在生命的最后五十几天里住上了楼房,尽管每一天都在单元楼房里忍受着癌症的疼痛。但他确确实实地是感到真是享了福了——一辈子从未享过的福。阳台,室内厕所,管道天然气,私家电话……一切使他觉得恍如置身梦境似的。

他曾对我说:"如果我才六十几岁,也没生病,那多好啊!"

我第一次从我父亲的口中听到了一句非常留恋人生的话。

父亲那一句话令我大为愀然……

屈指算来,如今,我在健安路上已生活了十七个年头。

如今，元大都土城墙遗址已建成了海淀区最美的一处公园。虽然我一年三百六十几天里难得有几次去到公园里悠闲地散步，但一想到我是全北京住得离这一处公园最近的人之一，不由得不倍感幸运。隔窗而望，我能清楚地来数公园里一棵老杨树的叶片。十七个年头里，我眼见它一番夏绿秋黄，对它已是十分地稔熟，就像是一位一天里见好几次面的老朋友。

前年的夏季，有天夜里，那老杨树被雷劈断了一杈小盆头般粗壮的斜枝，仿佛一个人被砍断了一臂，让我看着替它伤心。我以为它受了那么严重的创击，只怕以后活不了多久了。没想到，今夏它那一树肥大的叶片更加油绿。断枝被锯掉后，反而显得树形美观了。

在哈尔滨，路是比街大的一个概念。路，普遍很长，较宽。而街，只要区别于胡同就算是了。比如光仁街那类街，人们并不会认为它不该叫街。

所以我总觉得，健安西路之谓路，实在是有些名不副实的。当我将它与长安街相比时，尤其觉得它作为"路"，未免太袖珍了。故凡是初来我家的人，我总是会在电话里这么解释："那只不过是一条小街。"

是的，健安西路，只不过是一条小街罢了。严格地说，又只能算是半条小街。因为它的另一端是被院落堵死了的。它的一边，依次是童影的一幢宿舍楼、北影的两幢宿舍楼和总参干休所的两幢

第一章
生活就是为了活着的时时刻刻

宿舍楼,都是二十世纪八十年代初建成的。而它的另一边,自然便是著名的元大都土城墙遗址了。包括两边的人行道,此路宽约十四五米。

从电影学院和童影(现在是电影频道)门前那一条马路上拐入这一条小街,第一个小街的标识是一家饭店,它已易了几次主人。每易一次,改一次名,现在的店名是"咱家小吃"。它旁边是一家规模很小的洗浴中心,但起了一个特雅的名——"伊丽尔美容美发休闲中心"。既然叫作"伊丽尔",也就只有谢绝男士入内了。我家刚搬到这条小街上住时,"伊丽尔"的原址便是类似的地方了,但那时叫"清水大澡堂",曾是个吸引不少男人光顾的地方。不管叫作什么,我从没进入过。

对我这个人而言,最佳的休闲方式乃是关了电话,卧床看书,或美睡一大觉。倘不靠安眠药,后一种享受对我已不可能。然静静地躺在床上,闭目养神,我也很惬意。至于洗澡,除了开会住宾馆时,我一向只习惯于在家里。

在"伊丽尔"的旁边,是"禾谷园",快餐店的一处分店;其旁是一家杂货铺;再旁是影协表演艺术学会办的培训学校;又旁是一家小餐馆;最左边是一家卖麻辣串和烧烤的小铺面……

所有那些商家的招牌首尾相连,组成一列,但总长也不过二十几米。表演艺术培训学校的招牌恰居其中,给人一种"鹤立鸡群""出类拔萃"似的印象;也给人一种艺术之神沦落风尘似的印象。在那些招牌的下面和店铺的门前，还有二三处卖水果卖菜蔬的摊床。

对我而言，它们便是家门口的"商业区"了。我的绝大部分日常商品需求，赖于它们的存在。除了"禾谷园"，它们的主人，多是靠小本生意来京谋生计的男女。而表演艺术培训学校的学生们是他们的"上帝"。倘若不然，仅靠我一家所在的小区的居民们的消费指数来支撑的话，大约皆会倒闭的。

而那些表演艺术培训学校的学生们，大抵是每年报考电影学院的落榜生。依我想来，培训学校是他们的临时收容所。他们无不希望经过培训获得点儿经验，重振信心，来年再参与激烈的竞争。他们中某些男孩和女孩，也还算有几分姿色和帅气。这又使他们仿佛有那么几分准明星似的自我感觉。好像说不定哪一天，一旦时来运转，自己们便会是明星无疑了。他们中有些孩子，自然是女孩子，竟是拥有跑车的，那使她们在自我感觉方面更良好了。

每每的，看见那些孩子们，我便会庸人自扰一厢情愿地替他们也替他们的家长倍感忧郁。因为他们的文化水平，想来仅在初中的程度。万一将来当不成明星，长久的人生不知还能转向何业？但我内心里有时是对他们心存感激的。许多青春期的脸庞和身影出现和活动于某一小区，无疑地会使某小区"活力在线"——在视线。否则，我经常所见，将十之七八是老年人的寂寞脸庞和蹒跚身影……

第一章
生活就是为了活着的时时刻刻

我在"禾谷园"常与那些孩子隔案用餐。有时我还会看到他们的父母,那些外省市的父母们望着自己儿女们的目光充满爱意和希冀。天下父母之心的仁慈溢于言表,每使我大为感动。感动之余,自亦感慨多多。

我还经常在"禾谷园"发现电影频道的领导人士和员工们。我认识的后者较少,但身居领导层的人士,皆与我稔熟,也可以说皆与我有着友好的关系。

我们相互看见了,总是会端着盘子碗往一块儿凑。所谓同类相吸,边吃边聊,话题也总是离不开电影和电视。我从他们口中能获得不少关于电影和电视的最新信息,也常能从他们口中听到真知灼见和新颖观点。那时,我忍不住会说:"等等,再说一遍。"

他们便笑我认真。如果说某些招牌是该小区的标识的话,那么有一个人物也是该小区的"标识",便是在我家所住的那幢楼边上修自行车的人。我不知他多大年纪了,也许该有三十五六岁了吧?甚或,年龄还要大些也说不定的。他身材挺高,将近一米八,也挺壮,肩圆背厚的。据我所知,他还单身着。又据我所知,他的父亲是北影的一名老制景木工,早已去世了。他的母亲有没有工作我不清楚,但我听说她身体不怎么好。修自行车的人与母亲相依为命,修自行车是他养活自己和母亲的唯一收入。我曾问过他的收入情况,他说平均下来每月七八百元。又每笑道:"还能勉强维持生活。"他的笑,绝非苦笑。他这个人,只要一和人说话，便笑。那么，可以说他是一个很爱笑的男人。但我却从没见他苦笑过，他总是一个大男孩般天真而又无邪地笑。无论春夏秋冬，我从没见他穿过一件较像样子的衣服。没人修自行车时，他便安安静静地坐在一块石头上看小报。与对面的摊位相比，他所占的地盘更小。我家搬到健安路不久，他便是那两平方米不到的地盘的主人了。十几年来，他渐渐在我心目中形成了一种佛般的印象。

北影厂家属区后门开在健安路上，每有"奔驰""宝马"一类名车驶来驶往。另一些人们的另一种生活，谁想装作浑然不知几乎是不可能的。

然而一切人生状况的巨大反差，似乎从来也没入过他的眼。他一向是那么的平静而又友善地看待周边的世相。天真而又无邪地笑对之，似乎便是"淡泊"二字的活的人体字形。是的，他常使我联想到"立地成佛"一词，我每欲得知他头脑里究竟有着怎样一种人生观。他既是一个人，我想，人生观必定也是有的吧？但我从来也没试探地问过他。他极敬我，每次看见我，都主动地微笑地打招呼。我想，他肯定并不知道，我对他所怀有的敬意，远超过于他对于我的。他那一种据地数尺，甘事小技，总是笑度日子的心理定力，着实地令我自愧弗如。

对于我，健安西路仿佛是一部经书，天天翻开在我面前，天天给我以点点滴滴的人生思索和启发。对于我，那修自行车的人，仿佛是我的一位教父。他经常以他的存在暗示我——人其实无须向人

第一章
生活就是为了活着的时时刻刻

生诉求得太多。理当满足仍不满足的人,那也许是上苍在折磨他们的欲望……比起来,我在健安路这一条小街上居住的年头最长久,十八年——比我的人生的三分之一少一年。它也是我所住过的最像样子的一条小街。

我相信,以后它的路面和人行道重铺一次的话,更会是一条闹中取静的体面小街了。那么,我即使在这一条小街上终老一生,也算是上苍眷顾于我了啊!我想,所谓人生,看得再通透些,似乎也是可以这样来理解的——人在特定时空里的几个阶段的剪辑,对于大多数人,也不过便是三五阶段而已。还是往多了说……

愿余生随遇而安，
　步步慢

母亲养蜗牛

　　母亲是住惯了大杂院的。

　　大杂院自有大杂院的温馨。邻里处得好，仿佛一个大家庭。故母亲初住在北京我这里时，被寂寞所囿的情形简直令我感到凄楚。单位只有一幢宿舍楼，大部分职工是中青年，当然不是母亲聊天的对象。由于年龄、经历、所关注事物之不同，除了工作方面的话题，甚至也不是我的聊天对象。我是早已习惯了寂寞的人，视清静为一天的好运气，一种特殊享受。而且我也早已习惯了自己和自己诉说，习惯了心灵的独白。那最佳方式便是写作。稿债多多，默默地落笔自语，成了我无法改变的生活定律了。

　　我们住的这幢楼，大多数日子，几乎是一幢空楼。白天是，晚上仿佛也是。人们在更多的时候不属于家，而属于摄制组。于是母亲几乎便是一位被"软禁"的老人了……

　　为了排遣母亲的寂寞，我向北影借了一只鹦鹉，就是电影《红

第一章
生活就是为了活着的时时刻刻

楼梦》中黛玉养在"潇湘馆"的那一只。一个时期内,它成了母亲的伴友,常与母亲对望着,听母亲诉说不休。偶尔发一声叫,或嘎唔一阵,似乎就是"对话"了。但它有"工作",是"明星",不久又被"请"去拍电影了。母亲便又陷入寂寞和孤独的苦闷之中……

幸而住在我们楼上的人家"雪中送炭",赠予母亲几只小蜗牛,并传授饲养方法,交代注意事项。那几个小东西,只有小指甲的一半儿那么大,呈粉红色,半透明,隐约可见内中居住着不轻易外出的胎儿似的小生命。其壳看上去极薄极脆,似乎不小心用指头一碰,便会碎了。

母亲非常喜欢它们,视若宝贝,将它们安置在一个漂亮的装过茶叶的铁盒儿里,还预先垫了潮湿的细沙。有了那么几个小生命,母亲似乎又有了需精心照料和养育的儿女了。七十多岁的老太太,仿佛又变成一位责任感很强的年轻的母亲。她要经常将那小铁盒儿放在窗台上,盒盖儿敞开一半,使那些小东西能够晒晒太阳。并且,要很久很久地守着,看着,怕它们爬到盒子外边,爬丢了。就好比一位母亲守在床边儿,看着婴儿在床上爬,满面洋溢母爱,一步不敢离开,唯恐一转身之际,婴儿会摔在地上似的。连雨天,母亲担心那些小生命着凉,就将茶叶盒儿放在温水中,使沙子能被温水焐暖些。它们爱吃的是白菜心儿、苦瓜、冬瓜之类,母亲便将这些蔬菜最好的部分细细剁了,撒在盒儿内。一次不能撒多。多了,它们吃不完,腐烂在盒儿内,则必会影响

"环境卫生",有损它们健康。它们是些很胆怯的小生命,盒子微微一动,立即缩回壳里。它们又是些天生的"居士",更多的时候,足不出"户",深钻在沙子里,如同专执一念打算成仙得道之人,早已将红尘看破,排除一切凡间滋扰,"猫"在深山古洞内苦苦修行。它们又是那么的羞涩,宛如大门不出二门不迈的名门闺秀。正应了那句话,真人不露相,露相不真人。偶尔潜出"闺阁",总是缓移"莲步",像提防好色之徒攀墙缘树偷窥芳容玉貌似的。觉得安全,则便与它们的"总角之好"在小小的"后花园"比肩而行。或一对对隐于一隅,用细微微的触角互相爱抚、表达亲昵……

母亲日渐一日地对它们有了特殊的感情。那种感情,是与小生命的一种无言的心灵之倾诉和心灵之交流。而那些甘于寂寞,与世无争、与同类无争的小生命,也向母亲奉献了愉悦的观赏的乐趣。有时,我为了讨母亲的欢心,常停止写作,与母亲共同观赏……

八岁的儿子也对它们产生了浓厚的兴趣,也开始经常捧着那漂亮的小蜗牛们的"城堡"观赏。那一种观赏的眼神儿,闪烁着希望之光。都是希望之光,但与母亲观赏时的眼神儿,有着质的区别……

"奶奶,它们怎么还不长大啊?"

"快了,不是已经长大一些了吗?"

"奶奶,它们能长多大呀?"

"能长到你的拳头那么大呢!"

第一章
生活就是为了活着的时时刻刻

"奶奶，你吃过蜗牛吗？"

"吃？……"

"我们同学就吃过，说可好吃了！"

"哦……兴许吧……"

"奶奶，我也要吃蜗牛！我要吃辣味儿蜗牛！我还要喝蜗牛汤！我同学的妈妈说，可有营养了！小孩儿常喝蜗牛汤聪明……"

"这……"

"奶奶，你答应我嘛！"

"它们现在还小哇……"

"我有耐性等它们长大了再吃它们。不，我要等它们生出小蜗牛以后再吃它们。这样我不就永远可以吃下去了吗？奶奶你说是不是？……"母亲愕然。

我阻止他："不许你存这份念头！不许你再跟奶奶说这种话！难道缺你肉吃了吗？馋鬼，你是一头食肉动物哇？"

儿子眨巴眨巴眼睛，受了天大委屈似的，一副要哭的模样。母亲便哄："好，好，等它们长大了，奶奶一定做了给你吃。"

我说："不能什么事儿都依他！由我替奶奶保护它们，看谁敢再提要吃它们！"

儿子理直气壮地说："吃猪肉、羊肉、牛肉可以，吃鸡肉可以，吃烤鸭可以，为什么吃蜗牛就不行？"

我晓之以理："我们吃的是肉……"

儿子说:"我想吃的也是蜗牛肉呀,我说吃它们的壳了吗?"

我说:"你得明白,人自己养的东西,是舍不得弄死了吃的。这个道理,是尊重生命的道理……"

儿子顶撞我:"你骗小孩儿!你尊重生命了吗?上次别人送给你的蚕茧儿,活着的,还在动呢,你就给用油炸了!奶奶不吃,妈妈不吃,我也不吃,全被你一个人吃了!我看你吃得可香呢!……"

我无言以对。从此,儿子似乎更认为,首先在理论上,有极其充分的、天经地义的、无可辩驳的吃蜗牛的根据了……

从此,母亲观看那些小生命的时候,儿子肯定也凑过去观看……

先是,儿子问它们为什么还没长大,而母亲肯定地回答——它们分明已经长大了……

后来是,儿子确定地说,它们分明已经长大了。不是长大了些,而是长大了许多,而母亲总是摇头——根本就没长……

然而,不管母亲怎么想,怎么说,也不管儿子怎么想,怎么说,那些小小的生命,的的确确是天天长大着。在母亲的精心饲养下,长得很迅速。壳儿开始变黑了,变硬了,不再是些仿佛不经意地用指头轻轻一碰就易破碎的小东西了,它们的头和它们的柔软的身躯,从它们背着的"房屋"内探出时,也有形有状了,憨态可掬,很有妙趣了。它们的触角,也变粗变长了,俩俩一对儿,在盒之一隅卿卿我我,"耳鬓厮磨"之际,更显得情意缱绻,斯文百种了……

那漂亮的茶叶盒儿,对它们来说未免显得小了。

第一章
生活就是为了活着的时时刻刻

于是母亲将它们移入另一个盒子里,一个装过饼干的更漂亮的盒子。

"奶奶,它们就是长大了吧?"

"嗯,就是长大了呢……"

"奶奶,它们再长大一倍,就该吃它们了吧?"

"不行,得长到和你拳头一般儿大。你不是说要等它们生出小蜗牛之后再吃它们吗?"

"奶奶,我不想等到那时候,我只吃一次,尝尝什么味儿就行了……"

母亲默不作答。

我认为有必要和儿子进行一次更郑重更严肃些的谈话。一天,趁母亲不在家,我将儿子扯至跟前,言衷词切,对他讲奶奶抚养爸爸、叔叔和姑姑成人,一生含辛茹苦,忍辱负重,是多么的不容易。自爷爷去世后,奶奶的一半,其实也已随着爷爷而去了。爸爸的活法又是写作,有心挤出更多的时间陪奶奶,也往往心恳而做不到。爸爸的时间,常被某些不相干的人不相干的事侵占了去,这是爸爸对奶奶十分内疚而无奈的。奶奶内心的孤独和寂寞,是爸爸虽理解也难以帮助排遣的。为此爸爸曾买过花,买过鱼。可养花养鱼,需要些专门的常识。奶奶养不好,花死了,鱼也死了。那些小小的蜗牛,奶奶倒是养得不错,而你还天天盼着吃了它们,你对吗?……

儿子低下头说:"爸爸。我明白了……"

我问:"你明白什么了?"

儿子说:"如果我吃了蜗牛,便是吃了奶奶的那一点儿欢悦……"

我说:"既然你明白了,以后再也不许对奶奶说吃不吃蜗牛的话了!"

儿子一副信誓旦旦的模样,诺诺连声。果然再不盼着吃辣味儿蜗牛、喝蜗牛汤了。甚至,再不关注那更漂亮的蜗牛们的新居了……

一天,我下班回到了家里,母亲已做好晚饭,一一摆上桌子。母亲最后端的是一盆儿汤,对儿子说:"你不是要喝蜗牛汤吗?我给你做了,可够喝吧!"

我愕然。

儿子也愕然。

我狠狠瞪儿子。

儿子辩白:"不是我让奶奶做的!……"

母亲也说:"是我自己想做给我孙子喝的……"

母亲说着,朝我使眼色……我困惑。首先拿起小勺,舀了一勺,慢呷一口,鲜极了!但我品出,那绝不是什么蜗牛汤,而是蛤蜊汤。

我对儿子说:"奶奶是为你做的,你就喝喝吧!"

第一章
生活就是为了活着的时时刻刻

儿子迟疑地拿起小勺,喝了起来。

我问:"好喝吗?"

儿子说:"好喝。"

又问:"奶奶对你好不好?"

儿子说:"好……奶奶,等我长大了,能挣钱了,挣的钱都给你花!……"

八岁的儿子动了小孩儿的感情,眼泪吧嗒吧嗒落入汤里。母亲欣慰地笑了……其实母亲将那些长大了的,她认为完全能够独立生活了的蜗牛放了,放于楼下花园里的一棵老树下。那儿土质松软、潮湿,很适于它们生存。而且,老树还有一深深的树洞,大概是可供它们避寒的……母亲依然每日将蜗牛们爱吃的菜蔬之最鲜嫩的部分,细细剁碎,撒于那棵树下……一天,母亲喜笑颜开地对我说:"我又看到它们了!"我问:"谁们呀?"

母亲说:"那些蜗牛呗。都好像认识我似的,往我手上爬……"我望着母亲,见母亲满面异彩。那一时刻,我觉得老人们心灵深处情感交流的渴望,真真地令我肃然,令我震颤,令我沉思……

而长大成人的儿子们和女儿们,做了父母的儿子们和女儿们,四十多岁五十多岁的儿子们和女儿们,我们还能够细致地经常洞察到这一点吗?

冬天来了。

树叶落光了。

大地冻硬了。

母亲孑然一身地走了。我给母亲的信中写道:"妈,来年春天,我会像您一样,天天剁了细碎的蔬菜,去撒在那一棵老树下……"那些甘于寂寞的,惯于离群索居的,羞涩的、斯文的,与世无争、与同类无争的蜗牛们啊,谁知它们是否会挨过寒冷的冬天呢?谁知它们明年春天是否会出现在那一棵老树之下呢?它们真的会认识饲养过它们的我的老母亲吗?居然也会认识那样一位老母亲的儿子吗?……

愿上帝保佑它们!

第一章
生活就是为了活着的时时刻刻

第一支钢笔

它是黑色的，笔身粗大，外观笨拙。全裸的笔尖、旋拧的笔帽。胶皮笔囊内没有夹管，吸墨水时，捏一下，缓慢鼓起。墨水吸得太足，写字常常"呕吐"，弄脏纸和手。我使用它，已经二十多年了。笔尖劈过、断过，被我磨齐了，也磨短了。笔道很粗，写一个笔画多的字，大稿纸的两个格子也容不下。已不能再用它写作，只能写便笺或信封。

它是我使用的第一支钢笔，母亲给我买的。那一年，我升入小学五年级。学校规定，每星期有两堂钢笔字课。某些作业，要求学生必须用钢笔完成。全班每一个同学，都有了一支崭新的钢笔，有的同学甚至有两支。我却没有钢笔可用，连支旧的也没有，我只有蘸水钢笔。每次完成钢笔作业，右手总被墨水染蓝，染蓝了的手又将作业本弄脏。我常因此而感到委屈，做梦都想得到一支崭新的钢笔。

一天，我终于哭闹起来，折断了那支蘸水笔，逼着母亲非立刻给我买一支吸水笔不可。

母亲对我说："孩子，妈妈不是答应过你，等你爸爸寄回钱来，一定给你买支吸水笔吗？"

我不停地哭闹，喊叫："不，不，我今天就要。你去给我借钱买。"

母亲叹了口气，为难地说："你这孩子，真不懂事。这月买粮的钱，是向邻居借的；交房费的钱，也是向领导借的；给你妹妹看病，还是向领导借的钱。为了今天给你买一支吸水笔，你就非逼着妈妈再去向邻居借钱吗？叫妈妈怎么张得开口啊？"

我却不管母亲好不好意思再向邻居张口借钱，哭闹得更凶。母亲心烦了，打了我两巴掌。我赌气哭着跑出了家门……

那天下雨，我在雨中游荡了大半日不回家，衣服淋湿了，头脑也淋得平静了，心中不免后悔自责起来。是啊，家里生活困难，仅靠在外地工作的父亲每月寄回几十元钱过日子，母亲不得不经常向邻居开口借钱。母亲是个很顾脸面的人，每次向邻居家借钱，都需鼓起一番勇气。

我怎么能为了买一支吸水笔，就那样为难母亲呢？我觉得自己真是太对不起母亲了。

于是我产生了一个念头，要靠自己挣钱买一支钢笔。这个念头一产生，我就冒雨朝火车站走去。火车站附近有座坡度很陡的

第一章
生活就是为了活着的时时刻刻

桥，一些大孩子常等在坡下，帮拉货的手推车夫们推上坡，可讨得五分钱或一角钱。

我走到那座大桥下，等待许久，不见有推车来。雨越下越大，我只好站到一棵树下躲雨。雨点劈劈啪啪地抽打着肥大的杨树叶，冲刷着马路。马路上不见一个行人的影子，只有公共汽车偶尔驶来驶去。几根电线杆子远处，就迷迷蒙蒙地看不清楚什么了。

我正感到沮丧，想离开，雨又太大，等下去，肚子又饿，忽然发现了一辆手推车，装载着几层高高的木箱子，遮盖着雨布。拉车人在大雨中缓慢地、一步步地朝这里拉来。看得出，那人拉得非常吃力，腰弯得很低，上身几乎俯得与地面平行了，两条裤腿都挽到膝盖以上，双臂拼力压住车把，每迈一步，似乎都使出了浑身的劲儿。那人没穿雨衣，头上戴顶草帽。由于他上身俯得太低，无法看见他的脸，也不知他是个老头儿，还是个小伙儿。

他刚将车拉到大桥坡下，我便从树下一跃而出，大声问："要帮一把吗？"

他应了一声。我没听清他应的是什么，明白是正需要我"帮一把"的意思，就赶快绕到车后，一点也不隐藏力气地推起来。车上不知拉的何物，非常沉重。还未推到半坡，我便一点力气也没有了，双腿发软，气喘吁吁。那时我才知道，对于有些人来说，钱并非容易挣到的。即使一角钱，也是并非容易挣到的，何况我还空着肚子呢。又推了几步，实在推不动了，产生了"偷劲"的念头。反正拉车人是看不见我的。我刚刚松懈了一点力气,就觉得车轮顺坡倒转。不行,不容我"偷劲"。那拉车人,也肯定是凭着最后一点力气在坚持,在顽强地向坡上拉。我不忍心"偷劲"了。我咬紧牙关,憋足一股力气,发出一个孩子用力时的哼唷声,一步接一步,机械地向前迈动步子。

车轮忽然转动得迅速起来。我这才知道,已经将车推上了坡,开始下坡了。手推车飞快朝坡下冲,那拉车人身子太轻,压不住车把,反被车把将身子悬起来,腿离了地面,控制不住车的方向。幸亏车的方向并未偏往马路中间,始终贴着人行道边,一直滑到坡底才缓缓停下。

我一直跟在车后跑,车停了,我也站住了。那拉车人刚转过身,我便向他伸出一只手,大声说:"给钱。"

那拉车人呆呆地望着我,一动不动,也不掏钱,也不说话。我仰起脸看他,不由得愣住了。"他"……原来是母亲。

雨水,混合着汗水,从母亲憔悴的脸上直往下淌。母亲的衣服完全淋透了,像从水里捞出来的一样,湿漉漉地贴在身上,显出了她那瘦削的两肩的轮廓。她胸口剧烈地起伏着,脸色苍白,大口大口地喘着气。

我望着母亲,母亲望着我,我们母子完全怔住了。就在那一天,我得到了那支钢笔,梦寐以求的钢笔。母亲将它放在我手中时,满怀期望地说:"孩子,你要用功读书啊。你要是不用功读书,就太对不起妈妈了……"

在我的学生时代,我一刻都没有忘记过母亲满怀期望对我说的这番话。

如今,二十多年过去了,我已经是个成年人了,母亲变成老太婆了。那支笔,也可以说早已完成它的历史使命了。但我,却要永远保存它,永远珍视它,永远不抛弃它。

愿余生随遇而安,
　步步慢

一天的声音

　　一天的声音,确乎首先是从底层发出的。在农村自不必说了,黎明鸡啼,静夜犬吠,一天的过程中牛哞马嘶,或农机作响,都伴随着农民的起息劳作。除了他们的身影,除了那一些声音,农村也不太常见别人的身影,听见另外一些声音。

　　农民是大地的一部分。在城市里,一天的声音也首先是从底层发出的。"嚓、嚓、嚓……"这是今天我听到的第一种声音。斯时我虽然醒了,却懒得起来。我一向如此,醒得很早,起得较晚。也许是老的预兆吧?我扭头向窗子望去——在窗帘拉不严的地方,一条玻璃是蓝色的,如同用浸了蓝墨水的抹布擦过似的。于是我知道,大约五点钟了。其实,不必看窗子,仅听那"嚓嚓"声,我也能对时间做出挺准确的判断——春节前北京下了一场大雪,被铲到路边的积雪至今没化尽。而我家楼前那一条小街是早市,积雪占了摆摊人们的摊位。自那以后,几乎每天五点钟左右,都能听到

第一章
生活就是为了活着的时时刻刻

"嚓嚓"的铲雪声……

如果是夏天,听到的便是小贩们的说话声。夏天他们常睡在路边,怕的是别人占住他们的摊位。他们最怕的是蹬着平板车来时,摊位却被别人抢先占去了。

有那嗓门儿大的,说话声就会搅了我们这些城里人的清梦。大多数人家都是仅仅一扇纱窗隔着楼里楼外,其声聒耳。何况,楼外的露宿者们还每每争吵嬉闹……

便会有贪早觉的男人或女人大喝一声:"消停点儿,讨厌!"大抵是诸如此类的话,但城里人还想睡也睡不成多一会儿了。

渐渐的,说话声多了,终于形成一片——"早市"六点钟左右开始"营业"了。

首先穿过早市的,是骑着自行车身着校服的男女初中生、高中生。在冬季,六点钟左右,天刚刚亮。初中生、高中生们,往往是他们的家里最先迈出家门的人。

一月里的一天,北京正处在寒冷之中。我由于失眠,偶尔起早了,站在窗前吸烟。我从窗帘拉不严的地方向外看,天还黑着呢,路灯还亮着呢,大风从对面山坡上的树梢啸过,其声如哨……

我竟看见一个骑自行车的身影从街上来去。那身影很单薄,顶着风,猫着腰,缩着头,蹬得吃力的样子。我看出那是一名女学生。她一手扶把,一手拿着什么,边骑边吃。

她从我视线里消失之后不一会儿,我又看见了一个像她那样吃力地蹬着自行车的身影——还是一名学生的身影。还是一名女学生的身影。

接着是第三个身影,第四个身影,都是初中生或高中生的身影……

风太大,那一天没摆摊的人。除了风声,外面也再没别的声音。学生们成了最早出现于小街的人。他们的身影悄悄而来,悄悄而去。连摆摊的人也可以因为风大不出门,学生们却不可以据同样的理由不去上学啊……

望着渐多起来的学生们的身影,我心一阵愀然。他们的书包看上去是特别的沉重。

我家的门发出了开关之声,我知道儿子也去上学了……

一般来说,从六点到九点多,是小街声音最嘈杂的时候。而八点多钟的小街,可用"人满为患"一词形容。那时小贩们的叫卖声最响亮,有的还手持话筒。他们不仅来自京郊,也来自中国的各个省份,能听到东西南北各种口音。他们似乎都在心照不宣地比赛他们的叫卖声,仿佛那直接显示着他们的生存本领,就像汽车的发动声直接显示汽车的性能……

车流照例堵塞在小街的街口,那时候。

如果只在小街上走,你会觉得人生其实是多么的单纯。各个摊位摆的大抵是吃的东西,菜蔬、粮食、鱼肉、水果以及早点等。少数摊位也摆穿的用的,穿的都很便宜,用的都是居家过日子的

第一章
生活就是为了活着的时时刻刻

杂物……

望着街两旁的摊位,你会觉得,仅就"生活"二字而言,那早市满足一个人的需求已绰绰有余………

但是你若走到街口,去望那堵塞的车流,你往往会觉得眼乱心慌,仿佛人类的生活也堵塞在那儿了。十年前,那一条大马路上过往车辆并不多,后来车辆一天比一天多。最新款式的国产车和最高级的进口车全在那条大马路上亮相,缓缓前驶。两旁是骑自行车的人,车流中夹挤着出租车。各种车辆的尾气,使马路上空如罩青雾……

坐在那些车里的城市人,是有地位的高低之分的,这是与早市上的市民之间不言自明的区别。

汽车的喇叭声、小贩的叫卖声此起彼伏。后一种声音是城市的晨曲,前一种声音是城市的"主旋律"。坐在车里的某一个人,很可能决定着早市在街上的取消或存在,很可能决定着股市风云,也很可能决定着早市上某些人的命运……

到了中午,小街上彻底安静下来了。只有承包了那一条小街卫生状况的外地民工,持帚清扫着早市垃圾……那一种安静一直维持到傍晚。傍晚大马路上的车流又堵塞了,傍晚学生们的身影络绎出现在小街上。互相不太说话,也很少有结伴而驶的,都匆匆地往家里骑……

到了晚上九点多钟,一辆辆小车开入小街里来了。小街的街头，有一家歌厅，那一辆辆小车是奔歌厅来的。在夏季，歌厅传出的打击乐，小街另一头的人也听得到。

十点多钟，小车泊满了小街两侧……我家楼前小街的一天，也就开始向第二天过渡了……倘第二天无风，无雨，无雪；抑或有，并不多么大，那一天的起初的声音，依然是摆摊的人们所带动起来的。底层的声音，是直接为了生存而发出的声音，也是最容易被其他声音压住的声音。

一天由底层的声音开始，由歌厅里传出的打击乐结束。

在我家楼前那条小街上，一天又一天，几乎天天如此……

第一章
生活就是为了活着的时时刻刻

永久的悔

一九七一年,我到北大荒的第三个年头,连队已有二百多名知识青年了。我是一排一班的班长。我们被认为或自认为是知识青年,其实并没有多少知识可言。我的班里,年龄最小的上海知青,才十七岁,还是些中学生而已。

那一年全都在"割资本主义的尾巴"。团里规定——老职工老战士家,不得养母鸡。母鸡会下蛋,当归于"生产资料"一类。至于猪,公的母的,都是不许私养的。母猪会下崽,私人一旦养了,必然形成"资本的原始积累"。公猪呐,一旦养到既肥且重,在少肉吃的年代,岂非等于"囤稀居奇"?违反了规定者,便是长出"资本主义的尾巴"了。倘自己不主动"割",则须别人帮助"割"了。用当年的话说,主张"割得狠、割得疼、割得彻底、割出血来"。

有一年,有一名老职工和我们班在山上开创"新点"。五月里的一天，我忽听到了小鸡的吱吱叫声，发出在一纸板箱里，纸板箱摆在火炕的最里角。

我奇怪地问："老杨，那里是什么叫？"

他笑笑，说是小鸟儿叫。

我说："我怎么听着像是小鸡叫？"

他一本正经地说："深山老林，哪儿来的小鸡啊？是小鸟儿叫，我发现了一个鸟窝，大概老鸟儿死了，小鸟儿们全饿得快不行了。我一时动了菩萨心肠，就连窝捧回来了，养大就放生……"他说得煞有介事，而且有全班人为他作证，我也就懒得爬上炕去看一眼，只当就是他说的那么回事儿……不久后的一天，我见他在喂他的"鸟儿"们。它们一个个已长得毛茸茸的，比拳头大了。

我指着问："这是些什么？"

他嘿嘿一笑，反问："你看呢？"

我说："我看是些小鸡，不是小鸟儿。"

他说："我当它们是些小鸟儿养着，它们不就算是些小鸟儿了吗？"

这时全班人便都七言八语起来，有的公然"指鹿为马"，说明明是些小鸟儿，偏我自己当成是些小鸡，以己昏昏，使人昭昭。有的知道骗不过我，索性替老杨讲情儿，说在山上，养几只小鸡也算不了什么，何必认真？再说，也是"丰富业余生活"内容么……

我也觉得大家的生活太寂寞了，不再反对。你没法儿想象，那些"小鸟儿",不,那些小鸡,是老杨每晚猫在被窝里,用双手轮番地焐,焐了半个多月,一只只焐出来的……一日三餐,全班总是有剩饭剩菜的,它们吃得饱,长得快,又有老杨的精心护养,到了八九月份,全长成些半大鸡了。"新点"建还是不建,团里始终犹豫,所以我们全班也就始终驻扎在山上。"十一"那一天,老杨杀了两只最大的公鸡,我们美美地喝了一顿鸡汤。

春节前,连里通知,"新点"不建了,要全班撤下山。这是大家早就盼望着的事,可几只鸡怎么办呢?大家都犯起愁来。最后一致决定,全杀了吃。

其中四只是母鸡。杀鸡的老杨几次操刀,几次放下,对它们下不了手。

他恳求地望着我说:"班长,已经开始下蛋了啊!"我说:"那又怎样?"

他说:"杀了太可惜呀!"

我说:"依你怎么办?"

他进一步恳求:"班长,让我偷偷带回连队吧!我家住在村尽头,养着也没人发现,发现了我自己承担后果。我家孩子多,又都在长身体的时候……"

而我,当时实在说不出断然不许的话……

我却不曾料到,这件事被我们班里一个极迫切要求入团的知青揭发了,于是召开了全连批判会,于是这件事上了全团的"运动简报"。批判稿是我写的,我代表全班读的。尽管我按照连里和团里的指令做了,我这个班长还是被撤了职……老杨一向为人老实,平时对我们也极好。他感到了被出卖的愤怒,也觉得当众受批判乃是他终生的奇耻大辱。一天夜里,他吊死在知青宿舍后的一棵树上……

我们被吩咐料理他的后事,他死后我才第一次到他家去。那是怎样的一个家啊!一领破炕席,三个衣衫褴褛营养不良的孩子,一个面黄肌瘦的病恹恹的女人……那一种穷困情形咄咄逼人。在他死后,尤其令人心情沉重而又内疚不已……

我们将埋他的坑挖得很深很深……埋了他,我们都哭了,在他的坟头……后来每一个星期日的夜里,都会有一爬犁烧柴送到他家门前……后来我当了小学教师,教他的三个孩子。我极端地偏爱他们、偏袒他们,替他们买书包、买作业本。然而他们怕我、疏远我……

后来他们的母亲生病了,我们全班步行了二三十公里,赶到团部医院去要求献血。我住到了他们家里,每天替他们做饭,辅导他们功课,给他们讲故事听……可他们依然怕我、疏远我,甚至在他们瞪着三双大眼睛听我讲故事的时刻……

后来我调到团宣传股去了。离开连队那一天,许多人围着马车送我。我发现我的三个学生的母亲,默默地闪在人墙后,似在看着我,又不似……老板子发出赶马的吆喝声后,我见她双手将三个孩子往前一推，于是我听到他们齐声说出的一句话是"老师再见！"顿时我泪如泉涌……当年，我们连自己都不会保护自己，更遑论善于保护他人。这样想，虽然能使我心中的悔不再像难愈的伤口仍时时渗血，却不能使当年发生的事像根本没发生过一样……

如今二十多载过去了，心上的悔如牛痘结了痂，其下生长出了一层新嫩的思想——人对人的爱心应是高于一切的，是社会起码的也是必要的原则。当这一原则遭到歪曲时，人不应驯服为时代的奴隶。获得这一种很平凡的思想，我们当年付出了怎样的代价啊！……

愿余生随遇而安，
　步步慢

被围观的感觉

　　在我家的前面，跨过小街，便可登上元大都的断垣残址。翻过去，便是一条小河。名字很雅、很美，叫"小月河"。河边每天有早市。

　　我因常年患失眠症，难得有一天起得早。偶尔起得早，便去逛早市。早市很热闹，尤其从五月至十月，熙熙攘攘的，卖什么的都有。除了可以买到蔬菜、瓜果、早点，还可以买到花、鸟、鱼、猫和狗。

　　早市上还有理发的，我常在早市上理发。半个多小时，坐在一只高脚凳上，望着早市的热闹，发也便理了，还节省了时间……

　　有一天我又在早市上理发，理发师傅是位退了休的妇女。

　　她问我："你脖子怎么老往左边歪啊？"

　　我说肩颈有毛病。

　　又问："信推拿疗法吗？"

第一章
生活就是为了活着的时时刻刻

我说信啊。

再问:"信气功吗?"

我说也是信的。

她便说:"理完发,我为你推拿推拿。我会气功。不是一般的推拿,是带功的推拿。"

我说:"一次得多少钱?"

她说:"先不必言钱。如果你觉得见效,就看着给。"

其实,我是怕带的钱不够,拿不出手。

理完发,我付了钱,刚欲离开,她有些急了:"哎,咱们刚才不是说好了,你已经同意我为你推拿推拿的吗?"

我见人家一片虔诚,唯恐当众坚辞拒绝会伤人家的自尊心,便重新坐在椅子上。心想,有人愿帮我减轻痛苦,何乐而不为呢?于是她运了运气,开始推拿。

一会儿,她要求道:"你得把背心脱了。"

我犹豫了,说:"那不就光着上身了吗?"

她说:"你这么大的男人了,还没光过上身吗?治病么,怕什么?"

我说:"在这种地方,太不雅了吧?"

她说:"快脱吧,什么雅不雅的,没人会站下看你。"

如果我态度坚决,自然可以立即起身便走。但那样做,分明地,会使人家陷于窘地的。于是,我违心地脱了背心。

愿余生随遇而安，
步步慢

　　结果呢，我就成了那一天早市上的一景。她说得不对，不是没人会站下看我。恰恰相反，几乎每一个经过的人，都驻足看。当然，也不完全是看我，也许更是为看她。总之，我们俩配合起来，仿佛是一对卖艺的。理发师傅，俨然是一位大气功师。几分钟后，早市的路口竟为之堵塞。她口中"嗨嗨"连声，表演得很投入。一会儿，她落汗了，汗滴在我的赤背上。我暗想，驻足观看的人越多，她心里肯定越高兴吧，因为，她也是在为自己创牌子呀！

　　"你把身子转过来！"

　　开始我是面向小河，背朝观众的。心里虽然很窘，但后背不长眼睛，还勉强可以装得若无其事。

　　我没听她的。

　　"把身子转过来！"汗珠又滴落在我的赤背上。

　　我仍装聋。

　　围观者中有人说："嗨，叫你把身转过来呢！"

　　装聋是不行了，到了这时刻，也只有任人摆布。我将前胸转向了围观者们——哇，竟围了四五十人！男女老少都有，大姑娘小媳妇占了半数。她们是最爱逛早市的嘛！她们仿佛是在小剧场里看话剧似的。

　　"抬头！别低着头！"我真是羞臊极了，抬头的同时，闭上了眼睛……

第一章
生活就是为了活着的时时刻刻

"这个男人，真瘦得可怜！""嘻嘻，你可怜人家啦？""去你的！"是两个年轻女性的窃窃私语。

"那坐着的，说不定是'托儿'吧？""我看像是。不是'托儿'，谁会光了膀子在这种地方奉献自己……"是两个男人的声音。

我想，那理发师傅，或曰气功师傅，肯定也是听到了的。但和我比起来，她当然不甚在乎……

"嗨！嗨！嗨！……"

她叫得更亮了。

还问："怎么样？脖子灵活些了吗？"

我恨不得马上结束，连连说："灵活多了灵活多了！"

"胳膊呢？……"

"也灵活多了！"

"没有真功夫，也不在这儿亮相！哪位同志要也有什么肩周炎、颈椎病、腰酸腿疼的，处理完了这一位，信得过我，就请坐……"

我足足被围观了二十多分钟。是经我一再请求，才宣告结束的。在她，大概希望时间长一些，我会多给些钱吧？而我兜里只带了十元钱，全给她了。她没认为多，可也没表示少。望着她挂着汗珠的脸，我觉得，她也毕竟为我活动了二十多分钟筋骨。就算她不会气功，也应该认为她是靠"诚实的劳动"挣了我十元钱。而且，脖子和肩，经人大大地活动一番，就是灵活多了，痛苦也自觉少了些……

我从小长到四十四岁,被围观的经历并不多。那一次,给我留下了很深的体会。我想,一个人活在世上,少则活五六十年,多则活七八十年,大约总难免是要被人围观几次的吧。有些被围观的经历,尽管不是面对面的,但人若被置于那么一种社会境地,感受和我肯定是一样的。于是我进而联想到了"文革",毕竟,我没有被剃鬼头,涂鬼脸,戴高帽,挂牌子,游街……设身处地,我真的很敬佩当年经历过并忍受过来了的人们。对于没有忍受过来,以死自行"结束"的人们,顿时充满了更深层次的理解和同情……

无论大小,人是要有一些特殊体会的。有特殊体会,才有特殊感受。才会对别人多几分理解,多几分仁义啊!

所谓小说之创作,将越应是平凡的、普通的、朴素的事,只不过更要靠诚实的叙述和有个性的文学语言……

第一章
生活就是为了活着的时时刻刻

兄长

如果,谁面对自己的哥哥,心底油然冒出"兄长"二字的话,那么大抵,谁已老了。并且,谁的"兄长"肯定更老了。

这个"谁",倘是女性,那时刻她眼里,几乎会漫出泪来;而若是男人,表面即使不动声色,内心里也往往百感交集。男人也罢,女人也罢,这种情况之下的他或她以及兄长,又往往早已是没了父母的人了。即使这个人曾有多位兄长,那时大概也只剩对面或身旁那唯一的一个了。于是同时觉得变成了老孤儿,便更加互生怜悯了。老人而有老孤儿的感觉,这一种忧伤最是别人难以理解和无法安慰的,儿女的孝心只能减轻它,冲淡它,却不能完全抵消它。

有哥的人的一生里,心底是不大会经常冒出"兄长"二字的。"兄长"二字太过文化了,它一旦从人的心底冒了出来,会使人觉得,所谓手足之情类似一种宗教情愫,于是几乎想要告解一番,仿佛只有那样才能驱散忧伤……

愿余生随遇而安，
步步慢

几天前，在精神病院的院子里，我面对我唯一的哥哥，心底便忽然冒出了"兄长"二字。那时我忧伤无比，如果附近有教堂，我将哥哥送回病房之后，肯定会前去祈祷一番的。我的祷词将会很简单，也很直接："主啊，请保佑我，也保佑我的兄长……"我一点儿也不会因为这样的祈求而感到羞耻。

我的兄长大我六岁，今年已经六十八周岁了。从二十岁起，他一大半的岁月是在精神病院里度过的。他是那么渴望精神病院以外的自由，而只有当我是一个退休之人了，他才会有自由。我祈祷他起码再活十年，不病不瘫地再活十年。我不奢望上苍赐他更长久的生命，因为照他现在的健康情况看来，那分明是不实际的乞求。我也祈祷上苍眷顾于我，使我再有十年的无病岁月。只有在这两个前提之下，他才能过上十年左右精神病院以外的较自由的生活。对于一个四十八年中大部分岁月是在精神病院中度过的，并且至今还被软禁在精神病院里的人，我认为我的乞求毫不过分。如果有上帝、佛祖或其他神明，我愿与诸神达成约定：假使我的乞求被恩准了，哪怕在我的兄长离开人世的第二天，我的生命也必结束的话，那我也宁愿，绝不后悔！

在我头脑中，我与兄长之间的亲情记忆就一件事：大约是我三四岁时，我大病了一场，高烧，母亲后来是这么说的。我却只记得这样的情形——某天傍晚我躺在床上，对坐在床边心疼地看着我的母亲说我想吃蛋糕。之前我在过春节时吃到过一块，觉得那是世

第一章
生活就是为了活着的时时刻刻

上最好吃的东西。外边下着瓢泼大雨,母亲保证,说雨一停,就让我哥去为我买两块。当年,在街头的小铺子里,点心乃至糖果也是可以论块买的。我却哭了起来,闹着说立刻就要吃。于是当年十来岁的哥哥脱了鞋、上衣和裤子,只穿裤衩,戴上一顶破草帽,自告奋勇,表示愿意冒雨去为我买回来。母亲被我哭闹得无奈,给了哥哥一角几分钱,于心不忍地看着哥哥冒雨冲出了家门。外边又是闪电又是惊雷的,母亲表现得很不安,不时起身走到窗前往外望。我觉得似乎过了挺长的钟点哥哥才回来,他进家门时的样子特滑稽,一手将破草帽紧拢胸前,一手拽着裤衩的上边。母亲问他买到没有,他哭了,说第一家铺子没有蛋糕,只有长白糕,第二家铺子也是,跑到了第三家铺子才买到的。说着,哭着,弯了腰,使草帽与胸口分开,原来两块用纸包着的蛋糕在帽兜里。那时刻他不是像什么落汤鸡,而是像一条刚脱离了河水的娃娃鱼;那时刻他也有点儿像在变戏法,是被强迫着变出蛋糕来的。变是终归变出来了两块,却委实变得太不容易了,所以哭,大约因为觉得自己笨。

母亲说:"你可真死心眼儿,有长白糕就买长白糕嘛,何必多跑两家铺子非买到蛋糕不可呢?"

他说:"我弟要吃的是蛋糕,不是长白糕嘛!"

还说,母亲给他的钱,买三块蛋糕是不够的,买两块还剩下几分钱,他自作主张,还为我买了两块酥糖……

"妈,你别批评我没经过你同意啊,我往家跑时都摔倒了。"

其实对于我，长白糕和蛋糕是一样好吃的东西。我已几顿没吃饭了，转眼就将蛋糕狼吞虎咽地吃了下去。

而母亲却发现，哥哥的胳膊肘、膝盖破皮了，正滴着血。当母亲替哥哥用盐水擦过了伤口，对我说也给你哥吃一块糖时，我连最后一块糖也嚼在嘴里了……

是的，我头脑中只不过就保留了对这么一件事的记忆。某些时候我试图回忆起更多几件类似的事，却从没回忆起过第二件。每每我恨他时，当年他那种像娃娃鱼又像变戏法的少年的样子，就会逐渐清楚地浮现在我眼前。于是我内心里的恨意也就会逐渐地软化了，像北方人家从前的冻干粮，上锅一蒸，就暄腾了。只不过在我心里，热气是回忆产生的。

是的——此前我许多次地恨过哥哥。那一种恨，可以说是到了憎恨的程度。也有不少次，我曾这么祈祷：上帝啊，让他死吧！并且，毫无罪过感。

我虽非教徒，但由于青少年时读过较多的外国小说，大受书中人物影响，倍感郁闷、压抑了，往往也会像那些人物似的对所谓上帝发出求助的祈祷。

千真万确，我是多次憎恨过我的哥哥的。

我上小学三年级时，哥哥已经在读初三了，而我从小学四年级到六年级的三年里，正是哥哥从高一到高三的阶段。那时，我又有了两个弟弟一个妹妹。而实际上，家中似乎只有我和两个弟弟、一

第一章
生活就是为了活着的时时刻刻

个妹妹四个孩子。除了过年过节和星期日,我们四个平时白天是不太见得到哥哥的。即使星期日,他也不常在家里。我们能见到母亲的时候,并不比能见到哥哥的时候多一些。而是建筑工人的父亲,则远在大西南。某几年在这一省,某几年在那一省。从我小学一年级的时候起,父亲就援建"大三线"去了——每隔两三年才得以与全家团圆一次,每次十二天的假期。那对父亲如同独自一人的万里长征,尽管一路有长途汽车和列车可乘坐,但中途多次转车,从大西南的深山里回到哈尔滨的家里,每次都要经历五六天的疲惫途程。父亲的工资当年只有六十四元,他每月寄回家四十元,自己花用十余元,每月再攒十余元。如果不攒,他探家时就得借路费了,而且也不能多少带些钱回到家里了。到过我家里的父亲的工友曾同情地对母亲说:"梁师傅太仔细了,舍不得买食堂的菜吃,自己买点儿酱买几块豆腐乳下饭,二分钱一块豆腐乳,他往往就能吃三天!"

那话,我是亲耳听到了的。

父亲寄回家的钱,十之八九是我去邮局取的。从那以后,每次看着邮局的人点钱给我,我的心情不是高兴,而竟特别地难受。正是由于那种难受使我暗下决心,初中毕业后,但凡能找到份工作,我一定不读书了,早日为家里挣钱才更要紧!

那话,哥哥也是当面听到了的。

父亲的工友一走,哥哥哭了。

愿余生随遇而安，
步步慢

母亲已经当着来人的面落过泪了，见哥哥一哭，便这么劝：儿子别哭。你可一定要考上大学对不对？家里的日子再难，妈也要想方设法供你到大学毕业！等你大学毕业了，家里的日子不就有缓了吗？爸妈不就会得你的济了吗？弟弟妹妹不就会沾你的光了吗……

从那以后，我们见到哥哥的时候就更少了，学校几乎成了他的家了。从初中起，他就是全校的学习尖子生，也是学生会和团的干部，他属于那种多项荣誉加于一身的学生。这样的学生，在当年，少接受一种荣誉也不可能，那是自己做不了主的事。将学校当成家，一半是出于无奈，一半也是根本由不得他自己做主。我们的家太小太破烂不堪，如同城市里的土坯窝棚。在那样的家里学习，要想始终保持全校尖子生的成绩是不太可能的，所以他整天在学校里，为那些给予他的荣誉尽着尽不完的义务，也为考上大学刻苦学习。

每月四十元的生活费，是不够母亲和我们五个儿女度日的。母亲四处央求人为自己找工作。谢天谢地，那几年临时工作还比较好找。母亲最常干的是连男人们也会叫苦不迭的累活儿脏活儿。然而母亲是吃得了苦的。只要能挣到份儿钱，再苦再累再脏的活儿，她也会高高兴兴地去干。每月只不过能挣二十来元吧。那二十来元，对我家的日子作用重大。

一年四季，我和弟弟妹妹们的每一天差不多总是这样开始的：当我们醒来，母亲已不在家里，不知何时上班去了。哥哥也不在

第一章
生活就是为了活着的时时刻刻

家里了,不知何时上学去了。倘是冬季,那时北方的天还没亮。或者,炉火不知何时已生着了,锅里已煮熟一锅粥了,不是玉米粥,便是高粱米粥。或者,只不过半熟,得待我起床了捅旺火接着煮。也或者,炉火并没生,屋里冷森森的,锅里是空的,须我来为弟弟妹妹们弄顿早饭吃。煮玉米粥或高粱米粥是来不及了的,只有现生火,煮锅玉米面粥……

我从小学二三年级起就开始做饭、担水、收拾屋子,做几乎一切的家务了。在当年的哈尔滨,挑回家一担水是不容易的。我家离自来水站较远,不挑水也要走十来分钟。对于才小学二三年级的孩子,挑水得走二十来分钟了,因为中途还要歇两三歇。我是绝然挑不起两满桶水的,一次只能挑半桶。如果我早上起来,发现水缸里居然已快没水了,我对哥哥是很恼火的。我认为挑水这一项家务,不管怎么说也应该是哥哥的事。但哥哥的心思几乎全扑在学习上了,只有星期日他才会想到自己也该挑水的,一想到就会连挑两担,那便足以使水满缸了。而我呢,其实内心里也挺期待他大学毕业以后,能分配到较令别人羡慕的工作,挣较多的钱,使全家人过上较幸福的生活。这种期待,往往很有效地消解了我对他的恼火。

然而,我开始逃学了。

因为头一天晚上没写完作业或根本就没顾得上写,第二天上午忙得顾此失彼,终究还是没得空写——我逃学。

因为端起锅时,衣服被锅底灰弄黑了一大片,洗了干不了,不洗再没别的衣服可换（上学穿的一身衣服当然是我最体面的一身衣服了）——我逃学。

因为一上午虽然诸事忙碌得还挺顺利，但是背上书包将要出门时，弟弟妹妹眼巴巴地望着我，都显出我一走他们会害怕的表情时——我逃学。

因为外边大雪纷飞，天寒地冻，而家里若炉火旺着，我转身一走不放心；若将炉火压住，家里必也会冷得冻手冻脚——我逃学。

因为外边在下雨，由于房顶处处破损，屋里也下小雨，我走了弟弟妹妹们不知如何是好——我逃学……

我对每一次逃学几乎都有自认为正当的辩护理由。而逃学这一种事，是要付出一而再，再而三的代价的。我头一天若逃学了，晚上会睡不着觉的，唯恐面对老师当着全班同学面的训问不知如何回答是好。结果第二天又逃学，第三天还逃学。最多时，我连续逃学过一个星期，并且教弟弟妹妹怎样帮我圆谎。纸里包不住火，谎言终究是要被戳穿的。有时是同学受了老师的指派到家里来告知母亲，有时是老师亲自到家里来了。往往的，母亲明白了真相后，会沉默良久。那时我看出，母亲内心里是极其自责的，母亲分明感觉到对不住我这个二儿子。

而哥哥却生气极了，他往往这么谴责我：你为什么要逃学呢？为什么不爱学习呢？上学对于你就是那么不喜欢的事吗？你看你使妈妈多难堪，多难过！你是不对的！还说谎，会给弟弟妹妹们什么

第一章
生活就是为了活着的时时刻刻

影响？！明天我请假，陪你去上学！

却往往的，陪我去上学的是母亲。母亲不愿哥哥因为陪我去上学而耽误他的课。

哥哥谴责我时，我并不分辩。我内心里有多种理由，但那不是几句话就自我辩护得明白的。那会儿，我是恨过我的哥哥的。他一贯以学校为家，以学习为"唯此为大"之事。对于家事，却所知甚少。以他那样一名诸荣加身的优秀学生看来，我这样一个弟弟简直是不可理喻的，也是一个令他蒙羞的弟弟。在我的整个小学时期，我是同学们经常羞辱的"逃学鬼"，在哥哥眼中是一个令他失望的、想喜欢也喜欢不起来的弟弟。

一九六二年，我家搬了一次家。饥饿的年头还没过去，我们竟一个也没饿死，几乎算是奇迹。而哥哥对于我和弟弟妹妹，只不过意味着有一个哥哥，他在家也只不过就是我们学习的榜样。

那一年我该考中学了，哥哥将要考大学了。

六月，父亲回来探家了。那一年父亲明显的老了，而且特别瘦，两腮都塌陷了。他快五十岁了，为了这个家，每天仍要挑挑抬抬的。他竟没在饥饿的年代饿倒累垮，想来也算是我家的幸事了。

一天，屋里只有父亲、母亲和哥哥在的时候，父亲忧郁地说：我快干不动了，孩子们一个个全都上学了，花销比以前大多了，我的工资却十几年来一分钱没涨，往后怎么办呢？

母亲说：你也别太犯愁，那么多年苦日子都熬过来了，再熬几年就熬出头了。

父亲说：你这么说是怪容易的，实际上你不是也熬得太难了吗？我看，千万别鼓励老大考大学了，让他高中一毕业就找工作吧！

母亲说：也不是我非鼓励他考大学，他的老师、同学和校领导都来家里做过我的工作，希望我支持他考大学……

父亲又对哥哥说：老大，你要为家庭也为弟弟妹妹们做出牺牲！

哥哥却说：爸，我想过了，将来上大学的几年，争取做到不必您给我寄钱。

父亲火了，大声嚷嚷：你究竟还是不是我儿子？！难道我在这件事上就一点儿也做不了主了吗？！他们都以为我不在家，其实我只不过趴在外屋小炕上看小说呢。那一时刻，我的同情是倾向于父亲一边的。

在父亲的压力之下，哥哥被迫停止了高考复习，托邻居的一种关系，到菜市场去帮着卖菜。

又有一天，哥哥傍晚时回到家里，将他一整天卖菜挣到的两角几分钱交给母亲后，哭了。那一时刻，我的同情又倾向于哥哥了。

他的同学和老师都认为，他天生似乎是可以考上北大或清华的学生。我也特别地怜悯母亲，要求她在父亲和哥哥之间立场坚定地反对哪一方，对于她都未免太难了。是我和哥哥一道将父亲送上返回四川的列车的。父亲从车窗探出头对哥哥说：老大，我该说的都说了，你自己再三考虑吧！父亲流泪了。哥哥也流泪了。列车就在那时开动了。等列车开远,我对哥哥说:"哥,我恨你!"依我想来,哥哥即使非要考大学不可,那也应该暂且对父亲说句谎话,以使父亲能心情舒畅一点儿地离家上路。可他居然不。

多年以后,我理解哥哥了。母亲是将他作为一个"理想之子"来终日教诲的,说谎骗人在他看来是极为可耻的,那怎么还能用谎话骗自己的父亲呢?

哥哥没再去卖菜,也没重新开始备考。他病了,嗓子肿得说不出话,躺了三天。同学来了,老师来了,邻居来了,甚至街道干部也来了,所有的人都认为父亲目光短浅,不要听父亲的。连他的中学老师也来了,还带来了退烧消炎的药。居然有那么多的人关心我的哥哥,以至于当年使我心生出了几分嫉妒。直至那时,我在街坊四邻和老师同学眼中,仍是一个太不让家长省心的孩子。

哥哥考上了唐山铁道学院——他是为母亲考那所学院的。哈尔滨当年有不少老俄国时期留下的漂亮的铁路员工房。母亲认为,只要哥哥以后成了铁道工程师,我家也会住上那种漂亮的铁路房。

父亲给家里写了一封有一半错字的亲笔信,以严厉到不能再严厉的词句责骂哥哥。哥哥带着对父亲对家庭对弟弟妹妹的深深的内疚,踏上了开往唐山的列车。

我上的中学,恰是哥哥的母校。不久,全校的老师几乎都认得我了。有的老师甚至在课堂上问:"谁是梁绍先的弟弟?"——哥哥虽然考上的不是清华、北大,但他是在发着烧的情况之下去考的呀！而且他放弃了几所保送大学，而且他是为了遵从母命才考唐山铁道学院的！一九六二年，在哈尔滨市，底层人家出一名大学生，是具有童话色彩的事情。这样的一个家庭，全家人都是受尊敬的。

我这名初中生的虚荣心在当年获得了巨大的满足，我开始以哥哥为荣，我也暗自发誓要好好学习了。第一个学期几科全考下来，平均成绩九十几分，我对自己满怀信心。

饥饿像一只大手，依然攥紧着大多数中国人的胃，从草根草籽到树皮树叶，底层中国人几乎将一切能吃的东西都吃遍了，吃光了，并尝试吃许多自认为可以吃的，以前没吃过不敢吃的东西。父亲在大西南挨饿，哥哥在大学里挨饿，母亲和我们在家里挨饿。哥哥居然还不算学校里家庭生活最困难的学生，他每月仅领到九元钱的助学金。他又成了大学里的学生会干部，故须带头减少口粮定量，据说是为了支援亚非拉人民闹革命。父亲不与哥哥通信，不给他寄钱，也挤不出钱来给他寄。哥哥终于也开始撒谎了——他写信告诉家里，不必为他担什么心，说父亲每月寄给他十元钱。那么，他岂不是每月就有十九元的生活费了吗？这在当年是挺高的生活费标准了，于是母亲真的放心了，并因父亲终于肯宽恕哥哥上大学的"罪过"而感动。哥哥还在信中说，他投稿也能挣到稿费。其实他投稿无数，只不过挣到了一次稿费，后来听哥哥亲口说才三元……

第一章
生活就是为了活着的时时刻刻

哥哥第一个假期没探家，来信说是要带头留在学校勤工俭学。第二个假期也没探家，说是为了等到父亲也有了假期，与父亲同时探家。而实际上，他是因为没钱买车票才探不成家。

哥哥上大学的第二个学年开始不久，家里收到了一封学校发来的电报——"梁绍先患精神病，近日将由老师护送回家"。电文是我念给母亲听的。

母亲呆了，我也呆了。

邻居家的叔叔婶婶们都到我家来了，传看着电报，陪母亲研究着、讨论着——精神病与疯了是一个意思，抑或不是？好心的邻居们都说肯定还是有些区别的。我从旁听着，看出邻居们是出于安慰。我的常识告诉我，那完全是一个意思，但是我不忍对母亲说。

母亲一直手拿着电报发呆，一会儿看一眼，一直坐到了天明。

而我虽然躺下了，却也彻夜未眠。

第二天我正上最后一堂课时，班主任老师将我叫出了教室——在一间教研室里，我见到了分别一年的哥哥，还有护送他的两名男老师。那时天已黑了，北方迎来了第一场雪。护送哥哥的老师说哥哥不记得往家走的路了，但对母校路熟如家。

我领着哥哥他们往家走时，哥哥不停地问我：家里还有人吗？父亲是不是已经饿死在大西南了？母亲是不是疯了？弟弟妹妹们是不是成了街头孤儿……

我告诉他母亲并没疯时，不禁泪如泉涌。

那时我最大的悲伤是——母亲将如何面对她已经疯了的"理想之子"?

哥哥回来了,全家人都变得神经衰弱了。因为哥哥不分白天黑夜,几乎终日喃喃自语。仅仅十五平方米的一个破家,想要不听他那种自语声,除非躲到外边去。母亲便增加哥哥的安眠药量,结果情况变得更糟,因为那会使哥哥白天睡得多,夜里更无法入睡。但母亲宁肯那样,那样哥哥白天就不太出家门了,而这不至于使邻居们特别是邻家的孩子们因为突然碰到了他而受惊。如此考虑当然是道德的,但我家的日子从此过得黑白颠倒了。白天哥哥在安眠药的作用下酣睡时,母亲和弟弟妹妹们也尽量补觉。夜晚哥哥喃喃自语开始折磨我们的神经时,我们都凭意志力忍着不烦躁。六口人挤着躺在同一铺炕上,希望听不到是不可能的。当年城市僻街的居民社区,到了夜晚寂静极了。哥哥那种喃喃自语对于家人不啻是一种刑罚,一旦超过两个小时,人的脑仁儿都会剧痛如灼的。而哥哥却似乎一点儿不累,能够整夜自语。他的生物钟也黑白颠倒了。母亲夜里再让他服安眠药,他倒是极听话的,乖乖地接过就服下去。哥哥即使疯了,也还是最听母亲话的儿子。除了喃喃自语是他无法自我控制的,在别的方面,母亲要求他应该怎样不应该怎样,他都表现得很顺从。弟弟妹妹们临睡前都互相教着用棉团堵耳朵了,母亲睡前也开始服安眠药了。不久,我睡前也开始服安眠药了……

两个月后,精神病院通知家里有床位了。

第一章
生活就是为了活着的时时刻刻

于是一辆精神病院的专车开来，哥哥被几名穿白大褂的男人强制性地推上了车。当时他害怕极了，不知要将他送到哪里去，对他怎么样。母亲为了使他不怕，也上了车。

家人的精神终于得以松弛，而我的学习成绩一败涂地。

我又旷了两天课，也不用服安眠药，在家里睡起了连环觉。

哥哥住了三个月的院，在家中休养了一年，他的精神似乎基本恢复正常了。一年后，他的高中老师将他推荐到一所中学去代课，每月能开回三十五元的代课工资了。据说，那所中学的老师们对他上课的水平评价挺高，学生们也挺喜欢上他的课。

那时母亲已没工作可干了，家里的生活仅靠父亲每月寄回的四十元勉强维持。忽一日一下子每月多了三十五元，生活改善的程度简直接近着幸福了。

那是我家生活的黄金时期。

家里还买了鱼缸，养了金鱼。也买了网球拍、象棋、军棋、扑克。在母亲，是为了使哥哥愉快。我和弟弟妹妹们都知道这一点的至关重要，都愿意陪哥哥玩玩。

如今想来，那也是哥哥人生中的黄金时期。

他指导我和弟弟妹妹们的学习十分得法，我们的学习成绩都快速地进步了。我和弟弟妹妹们都特别尊敬他了，他也经常表现出对我们每个弟弟妹妹的关心了。母亲脸上又开始有笑容了，甚至有媒人到家里来，希望能为哥哥做成大媒了。

又半年后，哥哥的代课经历结束了。

他想他的大学了。

精神病院开出了"完全恢复正常"的诊断书，于是他又接着去圆他的大学梦了。那一年哥哥读的桥梁设计专业迁到四川去了，而父亲也仍在四川。父亲的工资涨了几元，他也转变态度，开始支持哥哥上大学了。父亲请假到哥哥的大学里去看望了哥哥一次，还与专业领导们合影。哥哥居然又当上了学生会干部，他的老师称赞他跟上学习并不成问题，同意他从大三第一学期开始续读。因为他在家里自学得不错，大二补考的成绩还是中上。

一切似乎都朝良好的方面进展。

那一年，已经是一九六五年了。

然而哥哥的大三却没读完——转年"文革"开始，各大学尤其乱得迅猛，乱得彻底。有人"大串联"去了，有人赴京请愿告状了，有人留在学校打"派仗"。

哥哥又被送回了家里。

这一次，他成了"政治型"的疯子。

他见到母亲说的第一句话居然是："妈，我不是'反革命'！"

哈尔滨也成了一座骚乱之城，几乎每天都有令人震动的事发生，也时有悲惨恐怖之事发生。全家人都看管不住哥哥了，经常是，一没留意，哥哥又失踪了。也经常是，三天五天找不到。找到后，每见他是挨过打了。谁打的他，在什么情况下挨的打，我和母

第一章
生活就是为了活着的时时刻刻

亲都不得而知。母亲东借西借,为哥哥再次住院凑钱。钱终于凑够了,却住不进精神病院去。精神病人像急性传染病患者一样一天比一天多,床位极度紧张。盼福音似的盼到了入院通知书,准备下的住院费又快花光了,半年后才住上院。那半年里,我和母亲经常在深夜冒着凛冽严寒跟随哥哥满城市去"侦察"他幻觉中的"美蒋特务"的活动地点。他说只有他亲自发现了,才能证明自己并非"反革命"。他又整夜整夜地喃喃自语了。他很可怜地对母亲解释,他不是自己非要那样折磨亲人,而是被特务们用仪器操控的结果,还说他的头也被折磨得整天在疼。母亲则只有泪流不止。

在那样的一些日子里,我曾暗自祈祷:上帝啊,让我尽快没了这样的一个哥哥吧!

即使那时我也并没恨过哥哥,只不过太可怜母亲。我怕哪一天母亲也精神崩溃了,那可怎么办呢?对于我和弟弟妹妹们,母亲才是无比重要的。我们都怕因为哥哥这样了,哪一天再失去母亲。我们怕极了。

哥哥住了三个月的院,花去了不少的钱,都是母亲借的钱。报销单据寄往大学,杳无回音,大学已经彻底瘫痪了。而续不上住院费,哥哥被母亲接回家了,他的病情一点儿也没减轻。

在接下来的一年里,全家人的精神又备受折磨,整天提心吊胆。哥哥接连失踪过几次,有次被关在某中学的地下室,好心人来报信,我和母亲才找到了他,他的眼眶被打青了。还有一次他几乎被当街打死，据说是因为他当众呼喊了句什么反动口号。也有一次是被公安局的"造反派"关押了起来，因为他不知从哪儿搞到了笔和纸，写了一张反动的大字报贴到了公安局门口……

"上山下乡"运动开始了。

我毫不犹豫地第一批就报了名。

每月能挣四十多元钱啊！我要无怨无悔地去挣！那么，家里就交得起住院费了，母亲和弟弟妹妹们就获拯救了。

我下乡的第二年，三弟也下乡了。我和三弟省吃俭用寄回家的钱，几乎全都用以支付哥哥的住院费了。后来四弟工作了，再后来小妹也工作了。他俩的学徒工资头三年每月十八元。尽管如此，还是支付不起哥哥的常年住院费，因为那每月要八十几元。但毕竟的，我们四个弟弟妹妹都能挣钱了。幸而街道挺体恤我家的，经常给开半费住院的证明。而半费的住院者，院方是比较排斥的。故每年还有半年的时间，哥哥是住在家里的。

有一年我回家探亲，家里的窗上安装了铁条，钉了木板，玻璃所剩无几；镜子、相框，甚至暖壶，一概易碎的东西一件没有了，菜刀、碗和盘子都锁在箱子里。

我发现，母亲额上有了一处可怕的疤，很深。那肯定是皮开肉绽所造成的。我还在家里发现了自制的手铐、脚镣、铁链，四弟的工友帮着做的。四弟和小妹谈起哥哥简直都谈虎色变了，四弟说哥哥的病不是从前那种"文疯"的情况了。而母亲含着泪说，她额

第一章
生活就是为了活着的时时刻刻

上的伤疤是被门框撞的。那一刻，我内心里产生了憎恨。我认为哥哥已经注定不是哥哥了，而是魔鬼的化身了。那一刻，我暗自祈祷：上帝啊，为了我的母亲、四弟和小妹的安全，我乞求你，让他早点儿死吧！以往我回家，倘哥哥在住院，我必定是要去看望他两次的。第二天一次，临行一次。那次探亲假期里，我一次也没去看他。临行我对四弟留下了斩钉截铁地嘱咐：能不让他回家就不让他回家！我的一名知青朋友的父亲是民政部门的领导，住院费你们别操心，我要让他永远住在精神病院里！我托了那种关系，哥哥便成了精神病院的半费常住患者……而我回到兵团的次年，成了复旦大学的"工农兵学员"。这件事，我是颇犯过犹豫的。因为我一旦离开兵团，意味着每月不能再往家里寄钱了，并且，还需家里定期接济我一笔生活费。我将这顾虑写信告诉了三弟，三弟回信支持我去读书，保证每月可由他给我寄钱。这样的表示，已使我欣然。何况当时，我自觉身体情况不佳，有些撑不住抬大木那么沉重的劳动了，于是下了离开兵团的决心。

在复旦的三年，我只探过一次家，为了省钱。分配到北京电影制片厂后，我又将替哥哥付医药费的义务承担了。为了可持续地承担下去，我曾打算将独身主义进行到底。两个弟弟和小妹先后成家，在父母的一再劝说和催促之下，我也只有成家了。接着自己也有了儿子，将父母接到北京来住，埋头于创作。在北京"送走了"父亲，又将母亲接来北京，攒钱帮助弟弟妹妹改善住房问题……各种责任纷至沓来，使我除了支付住院费一事，简直忘记了还有一个哥哥。哥哥对于我，似乎只成了"一笔支出"的符号。

一九九七年母亲去世时，我坐在病床边，握着母亲的手，问母亲还有什么要嘱咐我的。

母亲望着我，眼角淌下泪来。

母亲说："我真希望你哥跟我一块儿死，那他就不会拖累你了……"

我心大恸，内疚极了，俯身对母亲耳语："妈妈放心，我一定照顾好哥哥，决不会让他永远在精神病院里……"

当天午夜，母亲也"走了"……

办完母亲丧事的第二天，我住进一家宾馆，命四弟将哥哥从精神病院接回来。

哥哥一见我，高兴得像小孩似的笑了，他说："二弟，我好想你。"

算来，我竟二十余年没见过哥哥了，而他却一眼就认出了我！

我不禁拥抱住他，一时泪如泉涌，心里连说：哥哥，哥哥，实在是对不起！对不起……

我帮哥哥洗了澡，陪他吃了饭，与他在宾馆住了一夜。哥哥以为他从此自由了，而我只能实话实说：现在还不行，但我一定尽快将你接到北京去！

一返回北京，我动用轻易不敢用的存款，在北京郊区买了房

第一章
生活就是为了活着的时时刻刻

子。简易装修,添置家具。半年后,我将哥哥接到了北京,并动员邻家的一个弟弟"二小"一块儿来了。"二小"也是返城知青,常年无稳定工作、稳定住处。我给他开一份工资,由他来照顾哥哥,可谓一举两得。他对哥哥很有感情,由他来替我照顾哥哥,我放心。

于是哥哥的人生,终于接近是一种人生了。

那三年里,哥哥生活得挺幸福,"二小"也挺知足,他们居然都渐胖了。我每星期去看他们,一块儿做饭、吃饭、散步、下棋,有时还一块儿唱歌……

却好景不长,"二小"回哈尔滨探望他自己的哥哥及妹妹时,某日不慎从高处跌下,不幸身亡。这噩耗使我伤心了好多天,我只好向单位请了假,亲自照看哥哥。

我对哥哥说:哥,二小不能回来照顾你了,他成家了……

哥哥怔愣良久,竟说:好事。他也该成家了,咱们应该祝贺他,你寄一份礼给他吧。

我说:照办。但是,看来你又得住院了。

哥哥说:我明白。

那年,哥哥快六十岁了。他除了头脑、话语和行动都变得迟钝了,其实没有任何可能具有暴力倾向的表现。相反,倒是每每流露出次等人的自卑来。

我说:哥,你放心,等我退休了,咱俩一块儿生活。

哥哥说：我听你的。

哥哥在北京先后住过了几家精神病院，有私立的，也有公立的。现在住的这一所医院，据说是北京市各方面条件最好的，每月费用四千元左右。幸而我还有稿费收入，否则，即或身为教授，只怕也还是难以承担。

前几天，我又去医院看他。天气晴好，我俩坐在院子里的长椅上，我看着他喝酸奶，一边和他聊天。在我们眼前，几只野猫慵懒大方地横倒竖卧。而在我们对面，另一张长椅上坐着一对老伴儿，他们中间是一名五十来岁的健壮患者，在专心致志、大快朵颐地吃烧鸡。那一对老伴儿，看上去是从农村赶来的，都七十五六岁了。二老腿旁，也都斜立着树杈削成的拐棍。他们身上落了一些尘土，一脸疲惫。

我问哥，你当年为什么非上大学不可？

哥哥说：那是一个童话。

我又问：为什么是童话？

哥哥说：妈妈认为只有那样，才能更好地改变咱们家的穷日子。妈妈编那个童话，我努力实现那个童话。当年我曾下过一种决心，不看着你们几个弟弟妹妹都成家立业了，我自己是绝不会结婚的……他看着我苦笑。原来哥哥也有过和我一样的想法！我心一疼，黯然无语，呆望着他，像呆望着另一个自己的化身。哥哥起身将塑料盒扔入垃圾筒，复坐下后，看着一只猫反问："你跟我说

第一章
生活就是为了活着的时时刻刻

的那件事,也是童话吧?""什么事?"我的心还在疼着。"就是,你保证过的,退休了要把我接出去,和我一起生活……"想来,那一种保证,已是六七年前的事了。不料哥哥始终记着,他显然也一直在盼着。

哥哥已老得很丑了。头发几乎掉光了,牙也不剩几颗了,背驼了,走路极慢了,比许多六十八九岁的人老多了。而他当年,可是一个一身书卷气、儒雅清秀的青年,从高中到大学,追求他的女生多多。

我心又是一疼。

我早已能淡定地正视自己的老了,对哥哥的迅速老去,却是不怎么容易接受的,甚至有几分慌恐、恓惶,正如当年从心理上排斥父亲和母亲无可奈何地老去一样。

"你忘了吗?"哥哥又问,目光迟滞地望着我。我赶紧说:"没忘,哥,你还要再耐心等上两三年……""我有耐心。"他信赖地笑了,话说得极自信。随后,眼望向了远处。

其实,我晚年的打算从不曾改变——更老的我,与老态龙钟的哥哥相伴着走向人生的终点,在我看来,倒也别有一种圆满滋味在心头。对于绝大多数的人,人生本就是一堆责任而已。参透此谛,爱情是缘,友情是缘,亲情尤其是缘,不论怎样,皆当润砾成珠。

对面的大娘问:"是你什么人呀?"我回答:"兄长。"话一出口，自窘起来。现实生活中，谁还说"兄长"二字啊！大娘耳背，转脸问大爷："是他什么人？"大爷大声冲她耳说："是他老哥！"我问大娘："你们看望的是什么人啊？"

她说："我儿子。"看儿子一眼，她又说："儿子，慢点儿吃，别噎着。"

大爷说："为了给他续上住院费，我们把房子卖了。没家了，住女婿家去了……"

他们的儿子津津有味地吃着，似乎老父亲老母亲的话，他一句也没听到。

我心接着一疼。这一次，疼得格外锐利。

我联想到了电视新闻报道的那件事——一位崩溃了的母亲，绝望之下毒死了两个一出生便严重智障的女儿；也联想到了电影前辈秦怡在接受采访时讲述的实情——她的患精神病的儿子一犯病往往劈头盖脸地打她……

中国境内，不是所有精神病患者的家里，都有一个有稿费收入的小说家，或一位著名的电影演员啊！

我又暗自祈祷了：上帝啊，人间有些责任，哪怕是最理所当然之亲情责任，亦绝非每一个家庭只靠伦理情怀便承担得了的！您眷顾他们吧，您拯救他们吧……

这一次，在我意识中，上帝不是任何神明，而是——我们的国……

第一章
生活就是为了活着的时时刻刻

窗的话语

当人的目光注视在另一个人的脸上，吸住它的必是对方的眼睛。是的，是吸住，而不是吸引住。也就是说，哪怕对方并不情愿你那样，你的目光还是会不由自主地那样。好比铁屑被磁石所吸。好比漂在水面的叶子被漩涡所吸。倘对方真的不情愿，那么就会腼腆起来，甚至不自然起来。于是垂下了头。于是将脸转向了别处。于是你立刻意识到了自己那样的不妥。如果你不是一个无礼的家伙，那么你就会约束你的目光别继续那样……

当人走近一所房屋，或一幢楼，首先观看的，必是窗子。窗是房或楼的眼睛。从前的哈尔滨，是一座俄侨较多的城市。在一般的社区，他们居住在院子临街的房子里。那些房子一律人字形脊，一律有延出的房檐。房檐下，俄式的窗是一道道风景。对小时候的我而言，具有审美的意义。我想，我对窗的敏感，大约也是儿童和少年对美的敏感吧？

普遍的俄式的窗，四周都用木板进行装饰。如同装饰一幅画的画框，木板锯成各式各样的花边。有的还新刷了乳白色的、草绿色的、海蓝色的、米黄色的、深紫色的或浅粉色的油漆，凸显于墙面，煞是美观。

俄式的窗带窗栅，但又不同于栅，栅是有间隙的。窗栅却是两块能开能合，合起来严密地从外面遮挡住窗的木板。不消说，那也是美观的。

于是住在房子里的人家，一早一晚多了两项生活内容——开窗栅和关窗栅。早晨开窗栅，它向窗的两边展开，仿佛一本硬封面的大书翻开着了。夜晚关上，又仿佛舞台的闭幕。窗栅是有专用的锁的。窗栅一落锁，如同带锁的家庭日记被锁上了。那时的窗，似乎代表着一户人家进行无声的宣告——从即刻起，那一人家要独享时间了。有的窗栅朽旧了，从裂缝泄出了屋里的灯光。而早晨窗栅一开，又意味着一户人家可以接待外人了。开窗栅和关窗栅，是孩子的义务。中国人家也有住俄式房子的。小时候的我，特别羡慕那些早晚开关自家窗栅的中国孩子。我巴望尽那么一种家庭义务，然我只有羡慕而已。我家住的破房子深陷地下，所谓窗，自然也被土埋了一半。破碎的玻璃，用纸条粘连着，想擦都没法擦。

我想，小时候的我，对别人家的窗的审美性观看，其实更是一种对温馨的小康生活的憧憬。其硬件是——一所看去不歪不斜的小小房子。而它有两扇，不，哪怕仅仅一扇带窗栅的窗。小时候的

第一章
生活就是为了活着的时时刻刻

我,对家庭生活的私密性,有着一种本能的、近乎神圣的维护意识。我不知它是怎么产生于我小小心灵中的。是别人家的带窗栅的窗,给予了我一种关于家的暗示吗?

哈尔滨市的南岗区、道里区、道外区,是俄式建筑集中的区域。那些楼都不太高,二层或三层罢了。从前,它们的窗,是更加美观的。四周的花边更具有艺术意味。某些窗的上边,有对称的浪花形浮雕,或对称的花藤浮雕,或身姿婀娜的小仙女或胖得可爱的小仙童浮雕。"文革"中,基本都被砸掉了。

对于童年和少年的我,那些窗是会说话的,是有诗性的。似乎都在代表住在里面的主人表达着一种幸福感:看吧,美和我的家是一回事啊!

中国有一句话叫"以貌取人"。

我从不"以貌取人"。

更不会以服裳之雅俗而决定对一个人的态度。

但是坦率地说,我却至今习惯于从一户人家的窗,来判断一户人家生活的心情。倘一户人家的窗一年四季擦得明明亮亮,我认为,实在可以证明主人们的生活态度是积极乐观的。

我家住在一幢六层宿舍楼的第三层,那是一幢快二十年的旧楼。我家住进去也有十几年了。我家是全楼唯一没装修过的人家,但我家的窗一向是全楼最明亮的,每次都由我亲自一扇扇擦个够,我终于圆了小时候的一个梦——拥有了数扇可擦之窗的梦。我热爱那一份家庭义务。起初我擦窗像猿猴一样灵活，一手扳着窗棂，一手拿抹布。手里是湿抹布，兜里是干抹布。脚蹬才两寸来宽的外窗台，身子稳稳的。看见的人便说："小心点儿，太悬！"我还敢扭头回答道："没事儿！"每次都那么擦上两三小时。后来不必谁提醒，从某一次起，我自己开始往腰间系绳子了。再后来系绳子也觉不安全了，于是装了铁栅。亏我，其实非是为了防盗，是为了擦窗方便。现在，站在垫了板的铁栅上，我也变得小心翼翼的了。总担心连人带铁栅一齐掉下去。现在的我已不是十几年前的我了，我不得不暗暗承认我许多方面都开始老了。

哪一天我家也雇小时工擦窗了，我会悲哀的。

心情好时我擦窗，心情不好时我也擦窗。窗子擦明亮了，心情也似乎随之好转了。

我劝住楼房低层尤其平房的朋友们，尤其男人，尤其心情不好时，亲自擦擦自家的窗吧！试试看，也许将和我有同样体会。在生活中，有时我们花很微不足道的钱雇他人在最寻常之方面为我们服务，自认为很值。其实，我们也许是在卖出，甚而是贱卖原本属于我们的某种愉快。

我的一名知青战友，返城后，一家三口租住一间潮湿的地下室。一住就是十来年。他的儿子，从那地下室的窗，只能望见过往行人的形形色色的鞋和腿，于是画以自娱。父亲大为光火，以为无聊且庸俗。现在，他二十三岁的儿子，已成小有名气的新生代漫

第一章
生活就是为了活着的时时刻刻

画家。

地下室的窗,竟引领了那孩子后来的人生。

我曾到过一个很穷的乡村,那儿竟有一所重点高中。据说学生只要进入了那所高中,就等于一只脚迈进了包括清华北大在内的重点大学的校门。冠其名曰重点高中,其实校园很小,教室和学生宿舍也旧陋不堪。令我惊讶的是,学生宿舍的所有窗几乎都从里面封上了,用的是厚塑料布加木条。

我问:"这些窗……为什么是这样的?"

校长回答:"这不冬天快到了吗?我们江南没暖气,为保暖。"我又问:"夏天呢?"答:"夏天也这样。山上鸟多,学生们需要的是寂静。"

"那……不热吗?"

"热当然是会热的,但如果窗是玻璃的,人就难免会往窗外望啊!我们的学生在宿舍里也习惯了埋头看书。学校要将窗安上玻璃,他们还反对呢!"

望着进进出出的学生们苍白的脸,我默然,进而肃然。他们的上进,依我看来,已分明地带有自虐的性质。我顿时联想到"悬梁刺股"的典故。窗代表他们向我无言地诉说着当代中国穷困的农家子女们,鲤鱼跃龙门般的无怨无悔、一往无前的志向。

我只有默然而已,只有肃然而已。

我以为,最令人揪心的,莫过于《卖火柴的小女孩》在大雪天冻死前所凝望着的窗了——窗里有使她馋涎欲滴的烤鹅和香肠，还有能使她免于一死的温暖。

我以为，最令人肃然的，是监狱的窗。在那一种肃然中，几乎一切稍有思想的头脑，都会情不自禁地从正反两方面拷问自己的心灵，也会想到那些沉甸甸的命题：诸如罪恶、崇高、真理的代价以及"一失足成千古恨"……

夜半临窗，无论有月还是无月，无论窗外下着冷雨还是降着严霜还是大雪飘飞，谁心不旷寂？谁心不惆怅？

窗在万籁俱寂的夜晚，似人心和太虚之间一道透明的屏障。大约任谁都会有"我欲乘风归去"的闪念吧？大约任谁都会起破窗而出，融入太虚的冲动吧？

斯时窗是每一颗细腻的心灵的框。

而心是框中画。

其人生况味，唯己自知。

窗是家的眼。

你望着它，它便也望着你。

第二章
平凡就是生命本来的样子

小百姓的生活是近在眼前伸手就够得到的生活,
正是这一种生活才是属于我们的。
牢牢抓住这一种生活,
便不必再去幻想别的某种生活。

第二章
平凡就是生命本来的样子

歌者在桥头

我有点儿拿不准该怎么叫他，就是那我见过多次的瘦脸的青年；倘在从前，比如一九四九年以前吧，我若叫他卖唱的那是绝对没叫错的。但我要是那么叫他，则今天一概的歌星们，似乎便也都成了卖唱的了，所以我不愿那么叫他。那么叫他，对他是多么的不敬；而我，起初只不过默默地欣赏他，后来，竟生出一种挥之不去的敬意了。

我家附近有条小河，两畔皆公园，对于城市而言，确乎算得上是两处风景区了。一年四季，那里是周边居民流连忘返的地方。尤其从五月至十月的半年，又尤其在傍晚，简直可以用游人如织来形容。小河上有数座桥，其中一座桥被马路贯通，自然车来车往。但桥面并不因而全都成了马路的路面，马路两旁的人行道也从桥上延伸而过，每一边的人行道都有三米宽左右，于是成了小摊贩们摆摊的宝地。小摊贩们偏偏选择那儿卖些小东小西是有他们的道理的，那儿有公园的一处入口，进出之人络绎不绝。事实上那里是禁止摆摊的,然而我们都知道的,小摊贩们想要赚点儿钱贴补家用的决心都是很坚定的,于是那桥头便成了他们与城管人员的心理博弈之地。某一时期小摊贩们占上风,某一时期城管人员占上风。今年的六七月份,小摊贩们占了上风。就是在那两个月里,我多次见到那瘦脸的青年。

偶尔,我也是喜欢散步的。一日傍晚,我正在河畔走着,忽被一阵歌唱之声吸引。那首歌我十余年前是听过的,当年挺流行,我也很喜欢。但歌名却不记得了。至于歌词,也仅记得一句而已,便是"家乡才有美酒才有九月九"。听到久违了又曾喜欢过的歌,我的心情因之一悦。然而我听出不是谁放的录音,分明是有人在用麦克高唱。并且,依我听来,唱歌的人嗓音不错,唱的水平也几近专业。出于好奇,我循声而去,至桥头,见唱歌的人是一个瘦脸青年。

天已经黑了,白天的暑热却一点儿也没降,估计还有三十度高。一概的人们,皆穿得短而薄。有的男人,着短裤,趿拖鞋,手持大扇,边走边忽搭忽搭地扇。相形之下,那瘦脸的青年,实在是穿得太与众不同了。他穿一套绿军装,非是正规军装,是摊上买的那种。脚上是一双解放鞋,那是我年轻时春夏秋三季常穿的鞋。在气温三十度左右的那一个晚上,不出汗的脚穿一双解放鞋,一会儿工夫那也会捂出两脚汗来。解放军而穿解放鞋,同时是穿吸汗性良好的棉线袜的。他提起裤腿挠了一下脚踝,我见他根本什么袜子也没穿。他头上还端端正正地戴着一顶绿军帽,也非是真正的军

第二章
平凡就是生命本来的样子

帽,同样是摊上买的那一种。桥头有路灯,在灯辉下,我见他脸颊上淌着汗。他的脸形瘦得使我联想到一个印象深刻的人,一个苏联的青年——保尔·柯察金。他的眼睛也像保尔那双眼睛那么大。帽檐下,那双眼睛被桥头灯的灯辉映得亮晶晶的。有灯也罢,无灯也罢,人一过了朝气蓬勃的青春期,眼睛就再也不会那么明亮了。我看不出他是否是一个朝气蓬勃的青年,但他唱得朝气蓬勃。而且,感情饱满:

又是九月九重阳节难聚首,
思乡的人儿漂流在外头。
又是九月九愁更愁情更忧,
回家的打算始终在心头……

我觉他唱得好极了。

那么,他真的是一个卖唱的青年吗?

真的是。桥面两侧的人行道上聚满了人。看去,大抵都是在北京打工的人,都一动不动地听他唱。那一时刻,除了有车辆从桥上驶过发出声响,除了他在唱歌,可以说周围一片安静。连小贩们也停止了叫卖。

然而,听他唱歌的人,并没谁丢钱给他。这是他与卖唱者的区别。只有当别人也想唱时,才须付钱给他。于是他将话筒恭恭敬敬地递给别人,之后深鞠一躬,大声说谢谢,说得真挚。桥头停着一辆经过改装的三轮脚踏车,车上是边角严密的铁皮箱,有门可以双开对关;箱内是一台二十几寸的电视,电视上是卡拉OK装置。别人要点唱什么歌,由他代为调出。他实际上是在租设备,用他的麦克,用他的设备唱一首歌两元钱。他所服务的对象是些和他一样的外地青年。他们是进不起北京的歌厅的,但他们既为青年,某时某刻,肯定也会产生想唱一首歌的冲动的。他显然了解此点,也显然的,自以为发现了所谓商机。大概,还希望通过这一种亚文艺性的谋生手段掘到第一小桶金吧?他唱,分明是企图通过自己的歌声激发起别人也想唱歌的兴致,但那一个晚上,事实证明他的想法大错特错了。因为他唱得那么好(在我听来唱得那么好),别人们在他唱完之后,反倒缺乏勇气当众唱了。只有一个小伙子和一个姑娘向他讨过了麦克。小伙子勉强唱罢一首,任凭他再三鼓励,怎么也不肯唱第二首。姑娘连一首也没唱完,就将话筒还给他了。他呢,躬也鞠过了,谢也说过了,还将两元钱退给那姑娘了。姑娘不肯接,他硬塞到人家手里了……

我听到有人议论:"唱得还不赖,可我不喜欢他那身打扮!"

"那叫行头!为了引人注意呗。"

"八成也为了省钱。可惜没什么公司包装包装他,要是有,不久又多一歌星!"

站在我旁边的居然是两名城管人员,一个年轻,一个中年。

第二章
平凡就是生命本来的样子

年轻的问中年的:"管不管?"

中年的说:"该管则管,不该管别管嘛。"

"到底管不管?"

"起码现在先别管。"

两名城管人员一块儿走了。那歌者,也就是那瘦脸的青年,见冷场了,一时有点儿不知所措。突然有人高叫:"再来一首!"于是,竟响起一阵掌声。青年四面鞠躬,接着唱起了李白的《静夜思》:

床前明月光,

疑是地上霜……

他唱出了一种如泣如诉的意味。斯时,一轮明月悬于桥头上空,我见有人不禁仰起了脸……那晚,我听他接连又唱了五六首歌才离开。我离开之前,他再没挣到一份儿钱,但掌声又响起了几次……我回到家,见电视里也有歌星们在唱。他们身着的演出服华美夺目,他们背后的布景红烟紫气,令人叹为观止。他们都比那桥头歌者唱得好听,可不知为什么,萦绕在我耳畔的,却依然是那桥头歌者的歌声。

连续数日,每晚我都去到那桥头,每晚都能听到那青年歌者唱几首歌。我听到的议论也多了,对那青年歌者的了解也多了。有人说他会唱一百几十首歌……有人说他曾当过挖煤工,遭遇塌方,砸伤了腿,而煤窑主逃了,他没获得补偿……有人说他还在一部什么电视剧中演过一个戏份不少的瘸腿的群众角色，但不知何故，那部电视剧一直没播出……肯向他讨过麦克唱歌的人竟也渐多，他的生意也就自然好起来了。然而，两元两元地挣钱，好起来了也分明是挣不到几多的。

某晚，人们都散去了，他正要蹬上车离开时，我见那两名城管人员又出现了。

中年的城管人员问他："挣够路费了吧？"

他点头。

年轻的城管人员说："'十一'快到了，你还是趁早离开北京吧。以后我们再不管你，我们可就太失职了！"

他点头。

后来有一天晚上九点多时，下起了一场瓢泼大雨。我伫立家窗前看雨，似乎听到他的歌声。起初我以为自己是在幻听，但他的歌声持续不断，东一句西一句的。我疑惑，推开了窗子。不是似乎，果然是他在唱！

天上有个太阳，

水中有个月亮，

我不知道我不知道我不知道……

他唱的还是根据我的小说《雪城》改编的同名电视剧之插曲！

第二章
平凡就是生命本来的样子

他已不是在唱歌,而是在喊歌。我不但疑惑,以至于惊诧了。寻到伞,打算到桥头去看究竟。突然的,他的声音中断了。我愣了愣,没出门。

第二天早晨,天气晴好。我怀着满腹疑惑,匆匆走到了那座桥头。桥头已经聚了不少人,围着一地碎玻璃。

人们议论纷纷:"一掉雨点儿,咱们不都散了吗?就那疯子没走,拽住他非要他再唱。疯子说他如果不唱,自己就跳河。这河水两米来深,疯子真跳下去,那还不淹死啊?……"

"疯子?……"

"那几天总蹲这儿听他唱歌的那个疯子嘛!不少人都注意到过那疯子,你没注意到过?"

"你也走了,怎么会知道走后的事?"

"我听路对面那杂货铺子的主人说的。他站在门口,把事情经过全看在眼里了!为了那疯子不跳河,他就一直唱。疯子和他,都淋得落汤鸡似的!杂货铺子的主人终于被他唱明白了,赶紧拨打110。可警车来晚了一步,疯子捡块砖砸了他的电视,还把他的头拍出血了……"

如今,桥头已被围上了美观的栏杆,摆摊已成严禁之事。我,也再没见过那瘦脸的、瘸腿的青年歌者。不知他还会不会出现在北京?不知他又在哪一座城市以他那一种方式挣钱?如果确有所谓上帝的话,我愿上帝眷顾于他。上帝岂可抛弃好人?……

愿余生随遇而安，
  步步慢

五角场・阳春面・蜡像馆

五角场

上海使我产生之联想，自然首先是复旦。而由复旦，于是联想到五角场。

联想吗？竟也不是的。事实上，在我记忆的絮中，复旦和五角场是一种整体的印象。我明知那是不对的——复旦是复旦，五角场是五角场，它们并非不可分割的两部分。然而，男人的记忆是很奇怪的，有时会将爱过的女孩和她家所在的一条街也组合成一种整体……

一九七四年至一九七七年，我是复旦中文系学生时，五角场乃我常去的地方。到现在我也不明白，五角场何以叫五角场。当年的五角场，是城乡接合部，路况不怎么好。马路和人行道之间的道沿破损不堪，某一段人行道根本不见了道沿。路面处处坑洼，柏油层下，沙土路。雨天积水，若刮风则扬尘。

第二章
平凡就是生命本来的样子

但我对五角场却保留着和对复旦一样的绵长情愫。那儿有一家杂货店，无门无窗。早上卸下栅板便是开门，晚八点以后，将栅板一块块安装起来，等于关门。店旁有一家小小的理发铺。我并不常去买东西，当年我每月的生活费基本上便是十七元五角的助学金，仅够吃饭而已，舍不得乱花钱的，哪怕是一角钱。但头发每月总是要理一次的。那儿的路边，经常坐着期待活计的修鞋师傅和守着一台旧缝纫机补衣服的乡下女人。我的一双猪皮皮鞋三年里多次在五角场轧过裂口换过后跟；几件衬衣、外衣和两条裤子，也都在五角场缝补过。

更多的时候，是在傍晚和同学散步才去往五角场的。出了复旦校门，若往另一边走，一片稻田，夏季多蚊。而五角场方向，较热闹，人气聚拢，我们都习惯于往那边走。杂货店是人行道那一侧的尽头，拐过去，兜一个大圈，便可再贴着复旦的外墙绕回到校门。往回绕的途中，实际上是顺着一条小河边走。当年，那河水绝不清澈，却终究是一条河，会使散步增添些许野趣。起码，自我安慰地想，是可以那么认为一下的。

河之某段，有小石桥。石桥那边，离河十余米远，有几幢低矮又老旧的房子；然皆周正，虽矮虽旧，客观地说，是不破的。每幢房子门前，都用水泥抹出了十几平方米的地方。或光滑或粗糙，在雨季里，门前毕竟不至于泥泞了。这人家的水泥地前生着老树，那人家的水泥地前栽着花。我喜欢花。凡有花的人家，便断定他们是眷爱生活的；哪怕他们的家安在蛮荒之地。倒似乎，越是那样的人家，我越会被他们的生活态度所感动。

某次散步，我和二三同学意犹未尽，踏过小石桥有几个女人在某户人家的门前坐着聊天，我忍不住上前，搭讪着问东问西。于是知道，她们的丈夫，都是上海某工厂的工人，当年叫作"长期临时工"的那一类工人。因为没有市区户口，所以临时。因为他们颇肯于干一些很脏很累没有市里人愿意干但又必须有人干的活，所以有幸"长期"。而那几个女人，皆菜农。她们挺乐于回答我的话，脸上呈现着对生活相当知足的表情。

往回走时，我问同学：你们也看出了她们对生活的知足吗？

皆回：当然。

又问：何以知足若彼？

一位上海同学回答：她们的丈夫是挣工资的农民，此知足之一；五角场毕竟也划在市区里，她们的家离市区这么近，市声旦夕可闻，市街片刻可至，此知足之二……

我不禁转身指着说——倘晓声安家那里，心欲亦大足矣！

同学们诧问：对生活的要求就这么低吗？

我指着河说：愿此水稍清。

还有呢？

愿有面容姣好女子相伴。

哪一个挣钱养家糊口呢？

第二章
平凡就是生命本来的样子

就你这单薄身体,能长期干得了那很脏很累的活吗?

这家伙想的是,自己终日在家里写作,让那面容姣好的妻子去当"长期临时工"!岂不苦了那面容姣好的人儿?

于是遭到每一位同学的批判和挖苦。当夜,我梦中吟诗——"罗汉松掩花里路,美人蕉映雨中椇……"

此后,竟生出一种想法——要写一篇小说,反映户口问题对中国人命运的左右。毕业后,写成,便是发表在一九八一年某期《雨花》杂志的《西郊一条街》。当年《雨花》很厚爱它,登在头条,配了很好的插图。一九八二年全国短篇小说评选前,《雨花》也推荐了它。当年有评委告诉我——那一年若没有我的《这是一片神奇的土地》,《西郊一条街》当榜上有名。去年,北京某影视单位拍的一部电视剧《城里城外》,便是他们根据《西郊一条街》改编的。

而据说,现在的五角场,早已是上海的一片繁华新区了……

阳春面

早年的五角场杂货店旁,还有一家小饭馆;确切地说,是一家小面馆。卖面条、馄饨、包子。

顾客用餐之地,不足四十平方米。"馆"这个字,据说起源于南方。又据说,北方也用,是从南方学来的——如照相馆、武馆。

愿余生随遇而安，
　步步慢

　　但于吃、住两方面而言，似乎北方反而用得比南方更多些。在早年的北方，什么饭馆什么旅馆这样的招牌比比皆是。意味着比店是小一些，比"铺"却还是大一些的所在。我谓其"饭馆"，是按北方人的习惯说法。在记忆中，它的牌匾上似乎写的是"五角场面食店"。那里九点钟以前也卖豆浆和油条，然复旦的学子们，大约很少有谁九点钟以前踏入过它的门槛。因为有门有窗，它反而不如杂货店里敞亮。栅板一下，那是多么豁然！而它的门没玻璃。故门一关，只有半堵墙上的两扇窗还能透入些阳光，也只不过接近中午的时候。两点以后，店里便又幽暗下来。是以，它的门经常敞开……

　　它的服务对象显然是底层大众，可当年的底层大众，几乎每一分钱都算计着花。但凡能赶回家去吃饭，便不太肯将钱花在饭店里，不管那店所挣的利润其实有多么薄。店里一向冷冷清清。

　　我进去过两次。第一次，吃了两碗面；第二次，吃了一碗面。

　　第一次是因为我一大早空腹赶往第二军医大学的医院去验血。按要求，前一天晚上吃得少又清淡。没耐心等公共汽车，便往回走。至五角场，简直可以说饥肠辘辘了，然而才十点来钟。回到学校，仍要挨过一个多小时方能吃上顿饭；身不由己地进入了店里。我是那时候出现在店里的唯一顾客。

　　服务员是一位我应该叫大嫂的女子，她很诧异于我的出现。我言明原因，她说也只能为我做一碗"阳春面"。

第二章
平凡就是生命本来的样子

我说就来一碗"阳春面"。

她说有两种价格的——一种八分一碗,只放雪菜。另一种一角二分一碗,加肉末儿。

我毫不犹豫地说就来八分一碗的吧。依我想来,仅因一点儿肉末的有无,多花半碗面的钱,太奢侈。

她又说,雪菜也有两种。一种是熟雪菜,以叶为主;一种是盐拌的生雪菜,以茎为主。前者有腌制的滋味,后者脆口,问我喜欢吃哪种。

我口重,要了前者。我并没坐下,而是站在灶间的窗口旁,看着她为我做一碗"阳春面"。

我成了复旦学子以后,才知道上海人将一种面条叫"阳春面"。为什么叫"阳春面",至今也不清楚,却欣赏那一种叫法。正如我并不嗜酒,却欣赏某些酒名。最欣赏的酒名是"竹叶青",尽管它算不上高级的酒。"阳春面"和"竹叶青"一样不乏诗意呢。一比,我们北方人爱吃的炸酱面,岂不太过直白了?

那我该叫大嫂的女子,片刻为我煮熟一碗面,再在另一锅清水里焯一遍。这样,捞在碗里的面条看去格外诱人。另一锅的清水,也是专为我那一碗面烧开的。之后,才往碗里兑了汤,加了雪菜。那汤,也很清。

当年,面粉在全国的价格几乎一致。一斤普通面粉一角八分钱;一斤精白面粉两角四分钱;一斤上好挂面也不过四角几分钱。而一碗"阳春面",只一两,却八分。而八分钱,在上海的早市上,当年能买两斤鸡毛菜……

也许我记得不准确,那毕竟是一个不少人辛辛苦苦上一个月的班才挣二十几元的年代。这是许多底层的人们往往舍不得花八分钱进入一个不起眼的小面食店吃一碗"阳春面"的原因。我是一名拮据学子,花起钱来,也不得不分分盘算。

在她为我煮面时,我问了她几句,她告诉我,她每月工资二十四元,她每天自己带糙米饭和下饭菜。她如果吃店里的一碗面条,也是要付钱的。倘偷偷摸摸,将被视为和贪污行为一样可耻。

转眼间我已将面条吃得精光,汤也喝得精光,连道好吃。她伏在窗口,看着我笑笑,竟说:"是吗?我在店里工作几年了,还没吃过一碗店里的面。"我也不禁注目着她,腹空依旧,脱口说出一句话是:"再来一碗……"她的身影就从窗口消失了。我立刻又说:"不了,太给你添麻烦。""不麻烦,一会儿就好。"——窗口里传出她温软的话语。那第二碗面,我吃得从容了些,越发觉出面条的筋道和汤味的鲜醇。我那么说,她就又笑,说那汤,只不过是少许的鸡汤加入大量的水,再放几只海蛤煮煮……回到复旦我没吃午饭,尽管还是吃得下的。一顿午饭竟花两份钱,自忖未免大手大脚。我的大学生活是寒酸的。

毕业前,我最后一次去五角场,又在那面食店吃了一碗"阳春面"。已不复由于饿,而是特意与上海作别。那时我已知晓,

第二章
平凡就是生命本来的样子

五角场当年其实是一个镇,名分上隶属于上海罢了。那碗"阳春面",便吃出依依不舍来。毕竟,五角场是我在复旦时最常去的地方。那汤,也觉其更鲜醇了。

那大嫂居然认出了我。她说,她长了四元工资,每月挣二十八元了。她脸上那知足的笑,给我留下极深极深的记忆……面食店的大嫂也罢,那几位丈夫在城里做"长期临时工"的农家女子也罢,我从她们身上,看到了上海底层人的一种"任凭的本分",即无论时代若这样或若那样,他们和她们,都肯定能淡定地守望着自己的生活。那是一种生活态度,也是某种民间哲学。

也许,以今人的眼看来,会曰之为"愚"。而我,内心里却保持着长久的敬意;依我想来,民间之原则有无、怎样,亦决定甚而更决定一个国家的性情。是的,我认为国家也是有性情的……

蜡像馆

全中国唯上海有蜡像馆,在上海电视台的地下层。几年前我途经上海,滞留一日;朋友带我去参观了,印象颇深。三十几年前告别复旦后我再没专程去过上海,途经二三次,也只那次参观过一个地方。

我自然知道,某些省市的某些展馆也是有蜡像的,但蜡像只是展馆的一部分,所以大抵不能直接命名为蜡像馆。而上海的蜡像馆，是旧上海社会面貌的塑形反映，可以说是一部关于上海的塑式的简史，内容相当丰富。仅就此点而言，与别国的人物蜡像馆区别也是很大的……

当时我伫立在一组蜡像前，睇视良久，不言离去。那是较大的一组蜡像，约半人高——而立之年的男子，推独轮车，车上坐二十余岁女子，着晚清民女装，面有戚色。然不露悲。然，庄庄的，恬静。而那男子，步态匆匆，表情茫然，明显地担忧着命运。

朋友问我在想什么。

我言在猜他们的关系。

朋友说是夫妻。

我说："但愿是兄妹。"

朋友问为什么。

我说："便有故事了。"又言："此组蜡像最好。为生活而背井离乡之良民的良，全在人物脸上了，看着让人心疼。"

朋友戏曰："主要是心疼这个小女子吧？"

我说："也心疼她的哥哥。倘他们前往虎狼隐形于市的旧上海，那哥哥的责任大焉。"确乎，小女子是蜡像馆中最俊秀的人儿。朋友便拍我肩，笑道："勿为伊心驰神往，走，走。"也确乎的，我当时浮想联翩……

回到宾馆，我向朋友讲了一种电视剧构思——每至午夜，外滩的大钟响过十二记，整个今日上海进入梦乡，蜡像馆的一概人

第二章
平凡就是生命本来的样子

物,便渐活转,一组组老上海故事于是展开。而那最俊秀的小女子,成为诸故事间的串联人物,也成为大故事的主角。她被追逮吗?自然的,原因是现成任选的。她的哥哥,自然也会竭力保护她,那却实在超出了他的能力……

朋友困惑:倘要编创老上海背景的电视剧,何必非从蜡像馆起始?

我说:老上海背景的电视剧已经不少。而我希望此剧风格创新——倘那小女子一逃,逃出了蜡像馆,逃到了"东方明珠",逃在了今日之上海的市街间,结果会如何?六十年的沧桑巨变,几集从前,几集现在,人物命运梭行于往今,不是挺好看吗?

同类型的电影太多了。

但此种类型的电视剧,尤其国产的,目前还没有。奉献一种新风格,也是有意义的。历史现实主义与当代现实主义相呼应,那会是什么艺术效果?从前的故事紧张,今天的故事浪漫。今天的故事要有爱情发生,所以那男子应是她的哥哥。是她的哥哥,浪漫的爱情才单纯。浪漫一向是和单纯连在一起的。他若是她丈夫,爱就复杂了。而复杂杀灭浪漫……

在今天,她爱上了我们上海的一位男作家?

噢不,我希望她爱上一名复旦的研究生,学中文的。他的家在上海郊区农村,他是她在今日之上海碰到的第一个人,那当然应该是在午夜以后,她懵懂于街头之际……

我甚至向朋友讲到了其他一些细节——如她须省下在餐馆打工挣的钱买蜡；每到凌晨四点以后她会变回蜡人。当她变回蜡人时，另一个她就可以回到蜡像馆去。而在回去之前，她必须用蜡修复她碰伤的身体。否则，回到老上海的她，身上呈现的将是真正的流血伤口……

蜡像人的世界怎么会变成活人的世界？

塑那小女子的老雕塑家是雕塑工作的领导者。他当时已身患绝症，为她倾注了最后心血，希望她活转来看看今日之上海是他的祈祝。而整个蜡人世界变成活人世界是由于她的活转。兄妹二人欠钱庄的债，人为财死，人也能因讨债而活。毕竟是荒诞现实主义的风格，荒诞那么一点点，当能被接受……

怎么结束？

她在爱人的拥抱和吻之下，渐变为蜡人，又渐变为那复旦中文学子手中的一支蜡。于是，她再也不能回到当今。于是，蜡像馆中的她，脸颊上便有了去之复现的一滴蜡泪。并且，她已不在独轮车上斜坐着，而移身于别一组情境中了……

朋友听了我的娓娓讲述，同情地说："所幸我不是作家，动辄胡思乱想，就不怕把脑子累坏了呀？"

而我，直至今日，仍每每牵挂旧上海蜡像馆里那兄妹二人的命运。我真希望由上海的影视界人士编创出那么一部电视剧来。当然，也只不过是特儿童心理的一种希望而已，当不得真的……

第二章
平凡就是生命本来的样子

看自行车的女人

想为那个看自行车的女人写下篇文字的念头,已萌生在我心里很久了。事实上我也一直觉得还会见到她,果而那样,我就不写她了,却再也没见到。北京太大,存自行车的地方太多,她也许又到别处做一个看自行车的女人去了。或者,又受到什么欺辱,憋屈无人可诉,便回家乡去了?总之我没再见到过她……

而我第一次见到她,是在北京一家牙科医院前边的人行道上:一个胖女人企图夺她装钱的书包,书包的带子已从她肩头滑落,搭垂在她手臂上。她双手将书包紧紧搂于胸前,以带着哭腔的声音叫嚷着:"你不能这样啊,你不能这样啊,我每天挣点儿钱多不容易啊!……"

那绿色的帆布的书包,看去是新的。我想,她大约是为了她在北京找到的这一份看自行车的工作才买的。从前的年代,小学生们都背着那样的书包上学。现在,城市里的小学生早已不背那样的书包了,偶尔可见摆地摊的街头小贩还卖那样的书包,一种赖在大城市消费链上的便宜货。看自行车的女人四十余岁,身材瘦小,脸色灰黄。她穿着一套旧迷彩服,居然地,还戴着一顶也是迷彩的单帽,而足下是一双带扣襻儿的旧布鞋,没穿袜子,脚面晒得很黑。那一套迷彩服,连那一顶帽子,当然都非正规军装。地摊上也有卖的,十元钱可以都买下来。总之,她那么一种穿戴,使她的模样看上去不伦不类,怪怪的。单帽的帽舌卡得太低,压住了她的双眉。帽舌下,那看自行车的女人的两只眼睛,呈现着莫大而又无助的惊恐。

我从围观者们的议论中听明白了两个女人纠缠不休的原因:那人高马大的胖女人存上自行车离开时,忘了拿放在自行车筐里的手拎袋,匆匆地从医院里跑回来找,却不见了,丢了。她认为看自行车的外地女人应该负责任。并且,怀疑是被看自行车的外地女人藏匿了起来。

"我包里有三百元钱,还有手机,你'丫挺'的敢说你没看见!难道我讹你不成吗?!……"

胖女人理直气壮。

看自行车的女人可怜巴巴地说:"我确实就没看见嘛!我看的是自行车,你丢了包儿也不能全怪我……你还兴许丢别处了呢……""你再这样说我抽你!"——胖女人一用力,终于将看自行车的女人那书包夺了去,紧接着将一只手伸入包里去掏,却只

第二章
平凡就是生命本来的样子

不过掏出了一把零钱。五六十辆一排自行车而已,一辆收费两毛钱,那书包里钱再怎么多,也多不过十几元啊。

"啪"的一声,一只小搪瓷铁碗抛在看自行车的女人脚旁,抢夺者骑上自己的自行车,带着装有十几元零钱的别人的书包,扬长而去。我想,那与其说是经济的补偿,毋宁说更是图一种心理平衡的行为。我居京二十余年,第一次听一个北京的中年妇女口中说出"丫挺"二字。我至今对那二字的意思也不甚了了,但一直觉得,无论男女,无论年龄,口中一出此二字,其形其状,顿近痞邪。

看自行车的女人追了几步,回头看着一排自行车,情知不能去追,也情知是追不上的,慢慢走到原地,捡起自己的小搪瓷铁碗,瞧着发愣。忽然,头往身旁的大树上一抵,呜呜哭了。那单帽的帽舌,压折在她的额和树干之间⋯⋯

我第二次见到她,是在北京的一家书店门外。那家书店前一天在晚报上登了消息,说第二天有一批处理价的书卖。我的手,和一只女人的黑黑瘦瘦的手,不期然地伸向了同一本书——《英汉对照词典》。我一抬头,认出了对方正是那个看自行车的女人,不由得将伸出的手缩了回来。我家小阿姨莲花嘱我替她捎买一本那样的书,不知那看自行车的女人替什么人买。看自行车的女人那天没再穿那套使她的样子不伦不类的迷彩服,也没戴迷彩单帽,而穿了一身洗得干干净净的蓝布衫裤。我的手刚一缩回,她赶紧地将那一本书拿起在手中,急问卖书人多少钱。人家说二十元,她又问十五元行不行。人家说一本新的要卖四十元呢！你买不买？不买干脆放下，别人还买呢！看自行车的女人就将一种特别无奈的目光望向了我，她的手却仍不放那词典。我默默转身走了。

我听到她在背后央求地说："卖给我吧，卖给我吧，我真的就剩十五元钱了！你看，十五元六角，兜里再一分钱也没有了！我不骗你，你看，我还从你们这儿买了另外几本书哪！……"

又听卖书的人好像不情愿似的："行行行，别啰唆了，十五元六拿去吧！"

……

后来，那女人又在一家商场门前看自行车了。一次，我去那家商场买蒸锅，没有大小合适的，带着的一百元钱也就没破开。取自行车时，我没想到看自行车的人会是她，歉意地说："忘带存车的零钱了，一百元你能找得开吗？"我那么说时表情挺不自然，以为她会朝不好的方面猜度我。因为一个人从商场出来，居然说自己兜里连几角零钱都没有，不大可信的。她望着我愣了愣，似乎要回忆起在哪儿见过我，又似乎仅仅是由于我的话而发愣。也不知她是否回忆起了什么，总之她一笑，很不好意思地说："那就不用给钱了，走吧走吧！"——她当时那笑，给我留下很深的印象。我们许多人，不是已被猜度惯了吗？偶尔有一次竟不被明明有理由猜度我们的人所猜度，于我们自己反倒是很稀奇之事了。每每的，竟至于感激起来。我当时的心情就是那样。应该不好意思的是我，她倒那

第二章
平凡就是生命本来的样子

么的不好意思。仅凭此点，以我的经验判断，在牙科医院前的人行道上发生的那件事中，这外地的看自行车的女人，她是毫无疑问地被欺负了……这世界上有多少事的真相，是在众目睽睽的情况之下被掩盖甚至被颠倒了啊！这么一想，我不禁替她不平……

我第二次去那家商场买到了我要买的那种大小的蒸锅，付存车费时我说："上次欠你两毛钱，这次付给你。"我之所以如此主动，并非想要证明自己是一个多么多么诚信的人。我当时丝毫也没有这样的意识。倒是相反，认为她肯定记着我欠她两毛钱存车费的事，若由她提醒我，我会尴尬的。不料，她又像上次那样愣了一愣。分明的，她既不记得我曾欠她两毛钱存车费的事了，也不记得我和她曾要买下同一本词典的事了。可也是，每天这地方有一二百人存自行车取自行车，她怎么会偏偏记得我呢？对于那个外地的看自行车的女人，这显然是一份比牙科医院门前收入多的工作。我看出她脸上有种心满意足的表情。那套迷彩服和那顶迷彩单帽，仿佛是她看自行车时的工作装，照例穿戴着。依然赤脚穿着那双旧布鞋，依然用一只绿色的帆布小书包装存车费。

"不用啊不用啊"，她又不好意思起来，硬塞还给了我两毛钱。我觉得，她特别希望给在这里存自行车的人一种良好的印象。我将装蒸锅的纸箱夹在车后座上，忍不住问了她一句："你哪儿人？"

"河南。"她的脸，竟微微红了一下；我于是想到了那是为什么,便说:"我家小阿姨也是河南人。"她默默地,有些不知说什么好地笑着。"来北京多久了?""还不到半年。""家乡的日子怎么样呢?""不容易过啊……再加上我儿子又上了大学……"她将大学两个字说出特别强调的意味,顿时一脸自豪。"唔?在一所什么大学?"她说出了一座我陌生的河南城市的名字。我知近年某些省份的地区级城市的师范类专科学院,也有改挂大学校牌的,就没再问什么。

我推自行车下人行道时,觉得后轮很轻。回头一看,见她的一只手替我提起着后轮呢。骑上自行车刚蹬了几下,纸箱掉了。那看自行车的女人跑了过来,从书包里掏出一截塑料绳……

北京下第一场雪后的一天晚上,北影一位退了休的老同志给我打电话,让我替他写一封表扬信寄给报社。他要表扬的,就是那个河南的看自行车的女人。他说他到那家商场去取照片,遇到熟人聊了一会儿,竟没骑自行车走回了家,拎兜也忘在自行车筐里了……

"拎兜里有几百元钱,钱倒不是我太在乎的。我一共洗了三百多张老照片啊!干了一辈子摄影,那些老照片可都是我的宝呀!吃完晚饭天黑了我才想起来,急急忙忙打的去存车那地方,你猜怎么着?就剩我那一辆自行车了!人家看自行车那女人,冷得受不了,站在商店门里,隔着门玻璃,还在看着我那辆旧自行车哪!而且,替我将我的拎兜保管在她的书包里。人心不可以没有了感动呀是不是?人对人也不可以不知感激是不是?……"

第二章
平凡就是生命本来的样子

北影退了休的摄影师在电话里恳言切切。我满口应承照办照办。然而过后事一多,所诺之事竟彻底忘了。不久前我又去那家商场买东西,见看自行车的人已经换了,是一个外地的男人了。我问,原先那个看自行车的女人呢?他说走了。我问,为什么她走了呢?他说,还能为什么呢?那就是她不称职呗!我们外地人在北京挣这一份工作,那也是要凭竞争能力的!我心黯然,替那看自行车的女人。并且,也有几分替她那在一所默默无闻的大学里读书的儿子……我想问她到哪里去了,张张嘴,却什么也没有再问。我不知她从农村来到城市,除了看自行车,还能干什么。如果她仍在北京的别处,或别的城市里做一个看自行车的人,我祈祝她永远也不会再碰到什么欺负她的人,比如那个抢夺了她书包的胖女人。

阳光底下,农村人,城市人,应该是平等的。弱者有时对这平等反倒显得诚惶诚恐似的,不是他们不配,而是因为这起码的平等往往太少,太少……

愿余生随遇而安，
　步步慢

人生的意义在于承担

我曾多次被问到"人生有什么意义？"往往，"人生"之后还要加上"究竟"二字。

我想，"人生有什么意义"这一个问题，从本质上说，是从"现在时"出发对"将来时"的一种叩问，是对自身命运的一种叩问。世界上只有人才关心自身的命运问题。"命运"一词，意味着将来怎样。它绝不是一个仅仅反映"现在时"的词。

"人生有什么意义"这一个问题与人的思想活动有关，古今中外，解答可谓千般百种，形形色色。我也回答过这一问题，可每次的回答都不尽相同，每次的回答自己都不满意。

一般而言，儿童和少年不太会问"人生有什么意义"的话，他们倒是很相信人生总归是有些意义的，专等他们长大了去体会。老年人也不太会问"人生有什么意义"的话，问谁呢？中年人常问"人生有什么意义"。相互问一句，或自说自话一句。一切都似乎

第二章
平凡就是生命本来的样子

不言自明，于是相互获得某种心理的支持和安慰。因为他们是有压力的，压力常常使他们对人生的意义保持格外的清醒。人生的意义在他们那儿的解释是——责任。

是的，责任即意义。责任几乎成了大多数寻常百姓的中年人之人生的最大意义。对上一辈的责任，对儿女的责任，对家庭的责任，对单位对职业的责任。人只有到了中年时，才恍然大悟，原来从小盼着快快长大好好地追求和体会一番的人生的意义，除了种种的责任和义务，留给自己的，即纯粹属于自己的另外的人生的意义，实在是并不太多了。他们老了以后，甚至会继续以所尽之责任和义务尽得究竟怎样，来掂量自己的人生意义。

而在一些年轻人眼中，人生的意义就是享受，他们还没有受什么苦，也没有经历大的波折磨难，在他们看来，世界是美好的，人生要享受眼前的美好。如果他们经历了点什么困难，他们更有理由了——人活在这个世界这么苦，不好好享受对不起自己。

其实，这是大错特错的。我有一种结论，所谓"人生的意义"，它至少是由三部分组成：一部分是纯粹自我的感受；一部分是爱自己和被自己所爱的人的感受；还有一部分是社会和更多有时甚至是千千万万别人的感受。

当一个青年听到一个他渴望娶其为妻的姑娘说"我愿意"时，他由此顿觉人生饱满、有意义了，那么这是纯粹自我的感受。爱迪生之人生的意义，体现在享受电灯、电话等发明成果的全世界人身上；林肯之人生的意义，体现在当时美国获得解放的黑奴们身上。

如果一个人只从纯粹自我一方面的感受去追求所谓人生的意义，那么他或她到头来一定所得极少。最多，也仅能得到三分之一罢了。但倘若一个人的人生在纯粹自我方面的意义缺少甚多，尽管其人生作为的性质是很崇高的，那么在获得尊敬的同时，必然也引起同情。这是自我价值和社会价值的失衡。

权力、财富、地位、高贵得无与伦比的生活方式，这其中任何一种都不能单一地构成人生的意义。而勇于担当的人，即使卑微，对于爱我们也被我们所爱的人而言，可谓大矣！因为他尽到了自己的责任，他承担起了属于自己的义务。这样的人，尽管平凡渺小，但值得钦佩。

第二章
平凡就是生命本来的样子

平凡的地位

"如果在三十岁以前,最迟在三十五岁以前,我还不能使自己脱离平凡,那么我就自杀。"

"可什么又是不平凡呢?"

"比如所有那些成功人士。"

"具体说来。"

"就是,起码要有自己的房、自己的车,起码要成为有一定社会地位的人吧?还起码要有一笔数目可观的存款吧?"

"要有什么样的房,要有什么样的车?在你看来,多少存款算数目可观呢?"

"这,我还没认真想过……"

以上,是我和一个大一男生的对话。那是一所较著名的大学,我被邀讲座。对话是在五六百人之间公开进行的。我觉得,他的话

愿余生随遇而安，
步步慢

代表了不少学子的人生志向。我已经忘记了我当时是怎么回答的。然而此后我常思考如何定义一个人的平凡或不平凡，却是真的。

按《新华字典》的解释，平凡即普通。平凡的人即平民。《新华字典》特别在括号内加注——泛指区别于贵族和特权阶层的人。做一个平凡的人真的那么令人沮丧吗？倘注定一生平凡，真的毋宁三十五岁以前自杀吗？我明白那大一男生的话只不过意味着一种"往高处走"的愿望，虽说得郑重，其实听的人倒是不必太认真的。

但我既思考了，于是觉出了我们这个社会、我们这个时代、近十年来一直所呈现着的种种文化倾向的流弊，那就是——在中国还只不过是一个发展中国家的现阶段，在普遍之中国人还不能真正过上小康生活的情况下，中国的当代文化，未免过分"热忱"地兜售所谓"不平凡"的人生的招贴画了，这种宣扬尤其广告兜售几乎随处可见。而最终，所谓不平凡的人的人生质量，在如此这般的文化那儿，差不多又总是被归结到如下几点——住着什么样的房子，开着什么样的车子，有着多少资产，于是社会给以怎样的敬意和地位。于是，倘是男人，便娶了怎样怎样的女人……

二十世纪二三十年代的中国，也很盛行过同样性质的文化倾向，体现于男人，那时叫"五子登科"，即房子、车子、位子、票子、女子。一个男人如果都追求到了，似乎就摆脱平凡了。同样年代的西方的文化，也曾呈现过类似的文化倾向。区别乃是，在他们的文化那儿，"五子登科"是花边，是文化的副产品；而在我们

第二章
平凡就是生命本来的样子

这儿,在八九十年后的今天,却仿佛渐成文化的主流。这一种文化理念的反复宣扬,折射着一种耐人寻味的逻辑——谁终于摆脱平凡了,谁理所当然地是当代英雄;谁依然平凡着甚至注定一生平凡,谁是狗熊。并且,每有俨然是以代表文化的文化人和思想特别"与时俱进"似的知识分子,话里话外地帮衬着造势,暗示出更伤害平凡人的一种逻辑,那就是——一个时势造英雄的时代已然到来,多好的时代!许许多多的人不是已经争先恐后地不平凡起来了吗?你居然还平凡着,你不是狗熊又是什么呢?

一点儿也不夸大其词地说,此种文化倾向,是一种文化的反动倾向。和尼采的所谓"超人哲学"的疯话一样,是漠视,甚至鄙视和辱谩平凡人之社会地位以及人生意义的文化倾向。是反众生的,是与文化的最基本社会作用相背离的,是对于社会和时代的人文成分结构具有破坏性的。

在这样的文化背景下成长起来的中国下一代,如果他们普遍认为最远三十五岁以前不能摆脱平凡便莫如死掉算了,那是毫不奇怪的。

人类社会的一个真相是,而且必然永远是牢固地将普遍的平凡的人们的社会地位确立在第一位置,不允许任何意识之形态动摇它的第一位置,更不允许它的第一位置被颠覆。这乃是古今中外文化的不二立场,像普遍的平凡的人们的社会地位的第一位置一样神圣。当然,这里所指的,是那种极其清醒的、冷静的、客观的、实

愿余生随遇而安，
步步慢

事求是的、能够在任何时代都"锁定"人类社会真相的文化，而不是那种随波逐流的、嫌贫爱富的、每被金钱的作用左右得晕头转向的文化。那种文化只不过是文化的泡沫，像制糖厂的糖浆池里泛起的糖浆沫。造假的人往往将其收集了浇在模子里，于是"生产"出以假乱真的"野蜂窝"。

文化的"野蜂窝"比街头巷尾地摊上卖的"野蜂窝"更是对人有害的东西。后者只不过使人腹泻，而前者紊乱社会的神经。

平凡的人们，那普通的人们，即古罗马阶段划分中的平民。在平民之下，只有奴隶。平民的社会地位之上，是僧侣、骑士、贵族。

但是，即使在古罗马，那个封建的强大帝国的大脑，也从未敢漠视社会地位仅仅高于奴隶的平民。作为它的最精英的思想的传播者，如苏格拉底、柏拉图、亚里士多德们，他们虽然一致不屑地视奴隶为"会说话的工具"，却不敢轻佻地发出任何怀疑平民之社会地位的言论。恰恰相反，对于平民，他们的思想中有一个一脉相承的共同点——平民是城邦的主体，平民是国家的主体。没有平民的作用，便没有罗马为强大帝国的前提。

恺撒被谋杀了，布鲁诺斯要到广场上去向平民们解释自己参与了的行为——"我爱恺撒，但更爱罗马。"

为什么呢？因为那行为若不能得到平民的理解，就不能成为正确的行为。安东尼奥顺利接替了恺撒，因为他利用了平民的不满,觉得那是他的机会。屋大维招兵募将,从安东尼奥手中夺去了摄政权,因为他调查了解到,平民将支持他。

古罗马帝国一度称雄于世,靠的是平民中蕴藏着的改朝换代的伟力。它的衰亡,也首先是由于平民抛弃了它。僧侣加上骑士加上贵族,构不成罗马帝国,因为他们的总数只不过是平民的千万分之几。

中国古代,称平凡的人们亦即普通的人们为"元元",佛教中形容为"芸芸众生",在文人那儿叫"苍生",在野史中叫"百姓",在正史中叫"人民",而相对于宪法叫"公民"。没有平凡的亦即普通的人们的承认,任何一国的任何宪法都没有任何意义。"公民"一词将因失去了平民成分而成为荒诞可笑之词。

中国古代的文化和古代的思想家们,关注着体恤"元元"们的记载举不胜举。比如《诗经·大雅·民劳》中云:"民亦劳止,汔可小康。"意思是老百姓太辛苦了,应该努力使他们过上小康的生活。比如《尚书·五子之歌》中云:"民为邦本,本固邦宁。"意思是如果不解决好"元元"们的生存现状,国将不国。而孟子干脆说:"民为贵,社稷次之,君为轻。"

而《三国志·吴书》中进一步强调:"财须民生,强赖民力,威恃民势,福由民殖,德俟民茂,义以民行。"

民者——百姓也,"芸芸"也,"苍生"也,"元元"也,平凡而普通者是也。怎么,到了今天,在改革开放的中国,在民们的某些下一代那儿，不畏死，而畏"平凡"了呢？由是，我联想到了曾与一位"另类"同行的交谈。我问他是怎么走上文学道路的，答曰："为了出人头地。哪怕只比平凡的人们不平凡那么一点点，而文学之路是我唯一的途径。"见我怔愣，又说："在中国，当普通百姓实在太难。"屈指算来，那是十几年前的事了。十几年前，我认为，正像他说的那样，平凡的中国人平凡是平凡着，却十之七八平凡又迷惘着。这乃是民们的某些下一代不畏死而畏平凡的症结。于是，我联想到了曾与一位美国朋友的交谈。她问我："近年到中国，一次更加比一次感觉到，你们中国人心里好像都暗怕着什么。那是什么？"我说："也许大家心里都在怕着一种平凡的东西。"她追问："究竟是什么？"我说："就是平凡之人的人生本身。"她惊讶地说："太不可理解了，我们大多数美国人可倒是都挺愿意做平凡人，过平凡的日子，走完平凡的一生的。你们中国人真的认为平凡不好到应该与可怕的东西归在一起吗？"我不禁长叹了一口气。我告诉她，国情不同，所谓平凡之人的生活质量和社会地位，不能同日而语。我说你是出身于几代的中产阶级的人，所以你所指的平凡的人，当然是中产阶级人士。中产阶级在你们那儿是多数，平民反而是少数。美国这架国家机器，一向特别在乎你们中产阶级，亦即你所言的平凡的人们的感觉。我说你们的平凡的生活，是有房有车的生活。而一个人只要有了一份稳定的工作，过上那样的生活并不特别难。如若不能，倒是不怎么平凡的现象了。而

第二章
平凡就是生命本来的样子

在我们中国,那是不平凡的人生的象征。对平凡的如此不同的态度,是两国的平均生活水平所决定了的。正如一些中国的知识化了的青年做梦都想到美国去,自己和别人以为将会追求到不平凡的人生,而实际上,即使跻身于美国的中产阶级了,也只不过是追求到了一种美国的平凡之人的人生罢了……

当时联想到了本文开篇那名学子的话,不禁替平凡着、普通着的中国人,心生出种种的悲凉。想那学子,必也出身于寒门;其父其母,必也平凡得不能再平凡,普通得不能再普通。不然,断不至于对平凡那么恐慌。

也联想到了我十几年前伴两位老作家出访法国,通过翻译与马赛市一名五十余岁的清洁工的交谈。

我问他算是法国的哪一种人。

他说,他自然是一个平凡得不能再平凡、普通得不能再普通的人。

我问他,羡慕那些资产阶级吗?

他奇怪地反问为什么。

是啊,他的奇怪一点儿也不奇怪。他有一幢带花园的漂亮的二层小房子;他有两辆车,一辆是环境部门配给他的小卡车,一辆是他自己的小卧车;他的工作性质在别人眼里并不低下,每天给城市各处的鲜花浇水和换下电线杆上那些枯萎的花而已;他受到应有的尊敬,人们叫他"马赛的美容师"。

所以，他才既平凡着，又满足着。甚而，简直还可以说活得不无幸福感。

我也联想到了德国某市那位每周定时为市民扫烟囱的市长。不知德国究竟有几位市长兼干那一种活计，反正不止一位是肯定的了。因为有另一位同样干那一种活计的市长到过中国，还与我见过面。因为他除了给市民扫烟囱，还是作家。他会几句中国话，向我耸着肩诚实地说——市长的薪水并不高，所以需要为家庭多挣一笔钱。那么说时，他一点儿也不觉得有什么不好意思。

马赛的一名清洁工，你能说他是一个不平凡的人吗？德国的一位市长，你能说他极其普通吗？然而在这两种人之间，平凡与不平凡的差异缩小了，模糊了。因而在所谓社会地位上，接近于实质性的平等了，因而平凡在他们那儿不怎么会成为一个困扰人心的问题。

当社会还无法满足普遍的平凡的人们的基本的愿望时，文化的最清醒的那一部分思想，应时时刻刻提醒着社会来关注此点，而不是反过来用所谓不平凡的人们的种种生活方式刺激前者。尤其是，当普遍的平凡的人们的人生能动性，在社会转型期受到惯力的严重甩掷，失去重心而处于茫然状态时，文化的最清醒的那一部分思想，不可错误地认为他们已经不再是地位处于社会第一位置的人们了。

无论过去、现在，还是将来，平凡而普通的人们，永远是一个

第二章
平凡就是生命本来的样子

国家的绝大多数。任何一个国家存在的意义，都首先是以他们的存在为存在的先决条件的。

一半以上不平凡的人皆出自于平凡的人之间，这一点对于任何一个国家都是同样的。因而平凡的人们的心理状态，在一定程度上几乎成为不平凡的人们的心理基因。倘文化暗示平凡的人们其实是失败的人们，这的确能使某些平凡的人们通过各种方式变成较为"不平凡"的人；而从广大的心理健康的、乐观的、豁达的、平凡的人们的阶层中，也能自然而然地产生较为"不平凡"的人们。

后一种"不平凡"的人们，综合素质将比前一种"不平凡"的人们方方面面都优良许多。因为他们之所以"不平凡"起来，并非由于害怕平凡。所以他们"不平凡"起来以后，也仍会觉得自己其实很平凡。

而一个由不平凡的人们都觉得自己其实很平凡的人们组成的国家，它的前途才真的是无量的。反之，若一个国家里有太多这样的人——只不过将在别国极平凡的人生的状态，当成在本国证明自己是成功者的样板，那么这个国家是患着虚热症的。好比一个人脸色红彤彤的，不一定是健康，也可能是肝火，也可能是结核晕。

我们的文化，近年以各种方式向我们介绍了太多太多的所谓"不平凡"的人士了，而且，最终往往地，对他们的"不平凡"的评价总是会落在他们的资产和身价上，这是一种穷怕了的国家经历的文化方面的后遗症。以至于某些呼风唤雨于一时的"不平凡"

的人，转眼就变成了些行径苟且的、欺世盗名的，甚至罪状重叠的人。

一个许许多多人恐慌于平凡的社会，必层出如上的"不平凡"之人。

而文化如果不去关注和强调平凡者第一位置的社会地位，尽管他们看上去很弱，似乎已不值得文化分心费神——那么，这样的文化，也就只有忙不迭地不遗余力地去为"不平凡"起来的人们大唱赞歌了。并且在"较高级"的利益方面与他们联系在一起，于是眼睁睁不见他们之中某些人"不平凡"之可疑。

这乃是中国包括传媒在内的文化界、思想界，包括某些精英们在内的思想界的一种势利眼病……

第二章
平凡就是生命本来的样子

只想当"小知识分子"

某日,偶被一个经常召开这样那样会议的地方通知去参加一次座谈会,也可以说是"恳谈会"。目前"谈"而不"恳"的会很多,很流行;"座"而不"做"的会也很多,也很流行;故强调是"恳谈会",以示区别。

有位年长的知识分子悒然郁然慨慨然地痛陈时弊。

主持会议的人问:"那么该怎样是好呢?"

答曰:"'天下兴亡,匹夫有责。'中国的知识分子应积极地参政议政!"

于是知识分子们纷纷颔首不已,除了最年轻的一个我而外。当时我这个写小说的人,很没把握觉得自己便是一个知识分子了……

"你怎么看?"有人问我。

我说:"我做的事很普通,很微不足道。我被抬举地叫作'文化人'。被叫作的根据是我仍写着小说,所以我要继续把小说这行当好好做下去,否则,连'文化人'也不配再是了,更遑论是什么'知识分子'了。而我这个'文化人',是从来没想过从'政权'这么重大的方面对国家有所奉献的。自思绝对没有这个能力,所以除了写小说,倘还自认为可做些有益于社会的事,那也不过就是——周围同事闹意见了,我帮着调解调解;左邻右舍产生矛盾了,我给说和说和;单位领导和群众在某件事的主张上不一致了,我起点儿沟通作用;朋友们有困难了,充当个热心人的角色;谁家里遭遇不幸,送去点儿安慰和友情;两口子闹离婚,劝他们慎重考虑考虑……如此而已,仅此而已。还要尽到为人夫为人父为人子为人兄弟的种种家庭责任,实在已是觉着活得很累了,再不敢往自己身上揽扯什么使命了。强揽硬扯到身上,也是根本做不到的……"

众人一时沉默,少顷有一人道:"这是典型的小知识分子的活法。旧社会的私塾先生就常充当这样的社会角色而欣欣然。"

我说:"我正是想当一个小知识分子,一个小小的知识分子。而且明白,当好一个小小的,也须很竭诚。现在是新社会,当私塾先生得经过层层批准,恐怕还得有人赞助。否则,当那么一个老好人儿式的私塾先生,实在是我的一大愿望呢!"

真的,以上是我的极真实的想法。在目前这一个时代,倘能一边写着自己想写的小说,一边在自己生活着的小小社会层面上充当

第二章
平凡就是生命本来的样子

一个老好人儿，与世无争，于世无害，与人无争，于人为善，乃是多大的造化，不亦乐乎？！

后半生，我要竭诚地当好一个小小的，小小的知识分子……

想从前，我才不过是一个"知识青年"嘛！我不忘本。

愿余生随遇而安，
　步步慢

本命年杂感

今年是我本命年。

最切身的体会，是意识到自己开始和许多中年人经常迷惘地诉说到，或嘴上自我限制得很紧，但内心里却免不了经常联想到的一个字"接火"了。

这个字便是那令人多愁善感的"老"。

"老"也是一个令人意念沮丧心里悃惶的字。一种通身被什么毛茸茸的东西粘住，扯不开甩不掉的感觉。它的征兆，首先总是表现在记忆的衰退方面。

我锁上家门却忘带钥匙的时候越来越多了。仅去年一年内，已七八次了。

以前发生这样的事儿，便往妻的单位打电话。妻单位的电话号码是永远也记不清的，把它抄在小本儿上。而那小本儿自然不可能带在身上，每次还得拨"114"询问。于是妻接到电话通告后，骑

第二章
平凡就是生命本来的样子

自行车匆匆往家赶。送交了钥匙,她还要再赶回单位上班。再一再二又再三再四,妻的抱怨一次比一次甚,自己的惭愧也就一次比一次大。

于是再发生,就采取较为勇敢的举动,不劳驾妻骑自行车匆匆地赶回来替我开家门了。而冒险从邻家厨房的窗口攀住雨水管道,上爬或下坠到自己家厨房的窗口,捅破纱窗,开了窗子钻入室内。去年一年内,进行了七八次这样的攀爬锻炼。有一次四楼五楼和一楼二楼的邻家也皆无人,是从六楼攀住雨水管道下坠至三楼的,破了我自己的纪录。前年大前年每年也总是要进行几次这样的攀爬锻炼的。那时身手还算矫健敏捷,轻舒猿臂,探扭狼腰,上爬下坠,头不晕,心不慌。正所谓"艺高人胆大"。自去年起就不行了,就觉身手吃力了。上爬手臂发颤了,攀不大住雨水管道了。下坠双腿发抖了,双脚也蹬不大稳了。人贵有自知之明,于是必得在腰间牢系一条长长的绳索保份儿险了。仅仅一年之差,"老"便由记忆扩散向体魄了,心内的悲凉也便多了几重。

也不只是出家门经常忘带钥匙,办公室的钥匙,丢了配,配了丢的,现有的一把,已是第五代"翻版"了。一个时期内再丢也无妨了,最后一次我配了十把。

信箱的钥匙也丢,丢了便得换一次锁。不好意思再求别人换锁,自己懒得换,干脆不上锁了。童影厂一排信箱柜中,唯一没锁的,小门儿上一个圆锁洞的,便是梁晓声的信箱无疑了。

春节前给《中篇小说选刊》的一位女同志回信,不知怎么,寄去的又是空信封。也不知写给她的信塞往寄给另外什么人的信封邮走了。所幸非是情书,所幸没有情人。否则,非落得个自行地将绯闻传播的下场不可。

最使自己陷入难堪的,乃是其后的一件事儿——因替友人讨公道,致信某官员,历数其官僚主义作风一二三四诸条。同时给那受委屈的人去信,告之,我已替他"讨公道"了。且言,倘无答复,定代其向更上一级申诉。结果,两封信相互塞错了信封。

于是数日后友人来长途电话,说晓声坏了坏了,你怎么把写给某某官员的信寄给了我?我说别慌别慌,我再给他写一封信寄给他就是了嘛!友人说:我能不慌吗?你应该寄给我的信中,都写了人家些什么话呀?人家肯定也收到了,不七窍生烟才怪了呢!你给他本人写的信措辞都那么的不客气,该寄给我的信里,还不尽是骂人家的话呀?我完了,以后没好果子吃了。你这不是替我"讨公道",你这等于是害我啊!……

所幸那官员的秘书同日也来了电话询问怎么回事儿,我急反问:那信给领导看了吗?她说:你又不是写给领导的,我怎么能给领导看呢?我说:撕掉撕掉!塞错信封了。我近日再给领导写一封……她说:我关心的是,你把本该寄给领导的信寄哪儿去了?如果让不该收到的人收到了,影响多不好呀!我说:放心放心。那是绝不会的。本该寄给领导的那封信其实没寄出……我……我已经销

第二章
平凡就是生命本来的样子

毁了……

而此事之后,与几位文学师长同住某招待所观看某电视剧——结束前两日往家中打电话,嘱妻将钥匙留在传达室(不敢随身带着住在招待所,怕丢了)。

有人见我不停地拨,就说兴许你家没人吧?我说不是家里没人,是电话中说——无此号码!这不是咄咄怪事嘛!对方说:是够怪的。晓声你不至于连你自己家的电话号码都记不清吧?我不太有把握地说:我想,也不至于的吧?最终还是不得不往厂里打电话,请总机值班员查查电话表上我家的电话号码告诉我……总机值班员连说好好好——我听出她在那一端强忍着笑。从始至终恰在一旁的林斤澜老师,一本正经地说——晓声你以后不要再叫我老师了。咱俩就算平辈儿,论哥们儿得了。不过我还能记住我家的电话号码,冲这一点,我称你晓声老哥,似乎也称得的。想想,不知将记错了的家中的电话号码,虔虔诚诚地抄给过多少人呢!天地良心,绝非成心的。三十儿晚上,给朋友们打电话——拨通了冯亦岱老师家的电话,却开口给袁鹰老师大拜其年……

而拨通了邵燕祥老师家电话,耳听燕祥老师在那一端问找谁——竟一时的头脑空白,愣愣地说不出自己找谁。我想燕祥老师在那一端,必定以为是滋扰电话,静候数秒,也就挂断了。自己赶快看一眼小本儿,心中默念着"邵燕祥邵燕祥",继续重拨……

初二去看北影厂的老同事,下楼时一手拎垃圾袋儿,一手拎水

愿余生随遇而安，
　步步慢

　　果袋儿，在楼外抛掉一袋儿，只拎了一袋儿悠悠地往前走。途遇熟人，自然是互道一通儿拜年话儿。

　　对方就盯着我手中的塑料袋儿，嗫嚅地问：晓声你这是……我说：去看某某同志。没什么带的，带点儿水果……见对方眼神儿不对，低头自看——哪里是一塑料袋儿水果？分明是一塑料袋儿垃圾！幸亏遇见了熟人，否则真拎将去，被热情地迎入门，大初二的，成什么事了呢！……初三几位当年要好的知青战友相聚，瞧着其中一位，怎么也想不起人家姓名。人家却握住我手，笑问：叫不出我姓名了吧？咱们可两个月前还聚过的啊！却嘴硬：怎么会忘了你叫什么呢！那你说我是谁？你不是——那个谁吗？你还在……那个单位吗？我是那个谁？我在哪个单位？放开我手！你先放开我手嘛！再过十年八年我也能叫出你是谁呀！不用过十年八年，现在就叫！叫不出来，我今天就不放开你手！战友们战友们，你们看这小子认真劲儿的！你们说我能把他的名字都忘了吗？！众战友相觑而笑，谁都不打算替我解围。那一顿饭，从始至终没心思吃什么。一直在心里暗想——妈的这小子叫什么来着呢？猛地想起来了，举杯猝起，大叫——×××我和你干这一杯！众战友面面相觑。心中好生的快感，得意扬扬地说：×××，刚才是成心和你别劲儿呢！你说我怎么能把你的姓名都忘了呢？那也太可笑了吧！果然可笑。众战友也果然一个个笑得前仰后合——我猛想起的是别人的姓名，张冠李戴了……

第二章
平凡就是生命本来的样子

记忆力的减退,使自己对自己的记忆首先丧失信心。同事向我借过几盘录像带,我觉得没还我。人家说还了。心想——肯定是自己记错了,那么录像带哪儿去了呢?我也是借的呀!不久同事不好意思地说,晓声我发现,录像带还在我那儿呐!——敢情别人也有记忆力欠佳的时候。厂里交我看的一部剧本,记得又转给另一位同事看了,可他说没在我这儿啊!心想——肯定是自己记错了,那么剧本哪去了呢?下午作者要来当面听意见的呀!片刻,同事不好意思地说,晓声对不起,那剧本是在我这儿,刚才找得太粗心……

夜里失眠,冷不丁地想起——几个月前似乎向传达室的朱师傅借过几十元钱不曾归还。第二天带在身上,一边还钱一边不安地解释:朱师傅,我最近记忆不好,几个月前借您的钱,昨天才想起来……不料朱师傅说:晓声你早还了!厂里发了一张春节购物券——同事一再清清楚楚地告诉我,只能在哪家商场用,那商场在什么什么方位……妻去买时,自信地说:我认识!不就是在哪儿哪儿吗?觉得妻说的方位,和同事清清楚楚地告诉我的方位,相距实在太远了!有心纠正于妻,可一想——万一自己又记错了呢?于是将一份儿责任感闷在了心里。妻自然是兜了极大极大的一个圈子,跑了很多冤枉路,回到家里,发牢骚说为一张百十来元的购物券,太得不偿失了,搭上了两个半小时!我说:其实,你出门前,我就觉得你说的那地方不对。妻生气地问:那你怎么不告诉我对的地方?我苦笑了一下,倍感罪过地回答:事实证明你错了,我才有把握肯定自己当时是对的呀!在没证明你错了之前,我哪儿敢有那么大的把握呢?……

我是我们这一代人中,年龄不算最大也不算最小的一个。我们这一代,普遍的都开始记忆力明显减退了。尽管我们正处在所谓"年富力强"的年龄,我们过早地被"老"字粘上了。我们自己有时不愿承认,但个个心里都明白。我们宁愿这"老"首先是从体魄上开始的,但它却偏偏首先从心智上向我们发起了频频的攻击。是"三年困难时期"营养不良造成的?还是十年"上山下乡"耗损太大造成的?抑或是目前上有老下有小自己责任多多因而都过早地患了"中年综合疲劳症"的结果?

我们这一代聚在一起,比前十年前几年聚在一起时话都明显地少了,都大有一种欲说还休的意味儿了呢!我是早就欲说还休了。非说不可,三言两语,简明扼要地表达种意思罢了。

然而,却还在孜孜地写作着。有时宁愿自己变成哑巴,只写不说算了。岂非少了项活着的内容吗?似乎所剩精力体能,仅够支配极少的甚至是最单纯的生命活动了。

真是欲休还写欲休还写……

不定哪一天,便由欲休还写而欲写还休了。

于是常常地徒自感伤起来……

第二章
平凡就是生命本来的样子

给妹妹的信

妹妹：

见字如面。

知大伟学习成绩一向优异，我很高兴。在孙女外孙女中，母亲最喜欢大伟。每每说起大伟如何如何疼姥姥，善解人意。我也认为她是个非常懂事的孩子。她学习努力，并且爱学习，不以为苦，善于从学习中体会到兴趣，这一点实在是难能可贵的。因而要由做父母的克服一切生活困难，成全孩子的学志。否则，便是家长的失责。前几次电话中，我也忘了问你自己的身体情况了。两年前动那次手术，愈后如何？该经常到医院去进行复查才是。

我知道，你一向希望我调动调动在哈市的战友关系、同学关系，替你们几个弟弟妹妹，转一个经济效益较好的单位，谋一份较稳定的工薪，以免你们的后顾之忧，也免我自己的后顾之忧。不错，我当年的某些知青战友、中学同学，如今已很有几位当了处

愿余生随遇而安，
　步步慢

长、局长，甚而职位更高的官员，掌握了更大的权力。但我不经常回哈市，与他们的关系都有点儿疏淡了。倘为了一种目的，一次次地回哈重新联络感情，铺垫友谊，实在是太违我的性情。他们当然对我都是很好的。我一向将我和他们之间的感情、友情，视为"不动产"，唯恐一运用，就贬值了。所以，你们几个弟弟妹妹的某些困难，还是由我个人来和你们分担吧！何况，如今之事，县官不如现管。便是我吞吞吐吐地开口了，他们也往往会为难。有一点是必须明白的——我这样的一个写小说的人，与某些政府官员之间，倘论友谊，那友谊也更是从前的某种特殊感情的延续。能延续到如今，已太具有例外性。这一种友谊在现实之中的基础，其实是较为薄脆的，因而尤需珍视。好比捏的江米人儿，存在着便是美好的。但若以为在腹空时可以充饥，则大错特错了。既不能抵一块巧克力什么的，也同时毁了那美好。更何况，如说友谊也应具有相互帮助的意义，那么也只有我求人家帮我之时，而几乎没有我也能助人家之日。我一个写小说的，能指望自己在哪一方面帮助别人呢？帮助既已注定了不能互相，我也就很有自知之明，封唇锁舌，不吐求字了。

除了以上原因，大约还有天性上的原因吧？那一种觉得"上山擒虎易，开口告人难"的天性，我想一定是咱们的父亲传给我的。我从北影调至童影，搬家我也没求过任何一个人。是靠了自行车、平板车，老鼠搬家似的搬了一个多星期。有天我一个人往三楼

第二章
平凡就是生命本来的样子

用背驮一只沙发,被清洁工赵大爷撞见了,甚为愕异。后来别人告诉我,他以为我人际关系太恶,连个肯帮我搬家的人都找不到。当然,像我这么个性极端了,也不好。我讲起这件事,是想指出——哈尔滨人有一种太不可取的"长"处,那就是几乎将开口求人根本不当成一回事儿。本能自己想办法解决之事,也不论值不值得求人,哪怕刚刚认识,第二天就好意思相求,使对方犯难自己也不在乎,遭到当面回绝还不在乎。总之仿佛是习惯,是传统。好比一边走路一边踢石头,碰巧踢着的不是石头,是一把打开什么锁的钥匙,则兴高采烈。一路踢不着一把钥匙,却也不懊恼,继续地一路走一路踢将下去,石头碰疼了脚,皱皱眉而已。今天你求我,明天我求你,非但不能活得轻松,我以为反而会活得很累。

我主张首先设想我们在生活中所遇到的困难,是没有任何人可求,任何人也帮不上忙的,主张首先自己将自己置在孤立无援的境地。而这么一来,结果却很可能是——我们发现,某些困难,并非我们估计的那么不可克服。某些办成什么事的目的,即使没有达到,也并非我们估计的那么损失严重。我们会发现,有些目的,放弃了也就放弃了。企望怎样而最终没有怎样,人不是照活吗?我常想,我们的父亲,一个闯关东闯到东北的父亲,一个身无分文只有力气可出卖的山东汉子,当年遇到了困难又去求谁啊!我以为,有些时候,有些情况下,对于小百姓而言,求人简直意味着是高息贷款。我此话非是指求人要给人好处,而是指付出的利息往往是人的志气。没了这志气,人活着的状态,往往便自行地瘫软了。

妹妹,为了过好一种小百姓的生活而永远地打起精神来!

小百姓的生活是近在眼前伸手就够得到的生活,正是这一种生活才是属于我们的。牢牢抓住这一种生活,便不必再去幻想别的某种生活。

最近我常想,这地球上的绝大多数人,其实都在各个不同的国家,各种不同的生活水平线上,过着小百姓的生活。生活中最不可或缺的,我以为乃是"温馨"二字。没了温馨的生活,那还叫是生活吗?温馨是某种舒适,但又不仅仅是舒适。许多种生活很舒适,但是并不温馨。温馨是一种远离大与奢的生活情境。一幢豪宅往往只能与富贵有关,而富贵不是温馨。温馨是那豪宅中的小卧室,或者小客厅。温馨往往是属于一种小的生活情境,富人们其实并不能享受到多少温馨。他们因其富,注定要追求大追求奢追求华糜。而温馨甚至是可以在穷人的小破房里呈现着的生活情境,温馨乃是小百姓的体会和享受。我说这些,意思是想强调——房子小一点儿没关系,只要小百姓主人勤快,收拾得干干净净就好。工资收入低一点儿没关系,只要小百姓自己善于节俭持家就好。只要小百姓善于为了贴补生活再靠诚实的劳动挣点儿钱就好,哪怕是双休日在家里揽点儿计件的活儿。在小的住房里,靠低的工资,勤勤快快、节节俭俭、和和睦睦地生活,即为小百姓差不多都能把握得住的温馨日子,小百姓的幸福生活。这样的生活,绝对是我们想过

第二章
平凡就是生命本来的样子

上便能过上的。还记得我们小时候,我们将一个破家粉刷得多亮堂,收拾得多干净啊!每查卫生,几乎总得红旗。我们小时候,家里的日子又是多么的困难呀!但不也有许多温馨的时候吗?

在物质生活方面,我是一个绝对的胸无大志之人,但愿你们也是。不要说小百姓只配过小日子的沮丧话,而要换一种思想方法,多体会小百姓的小日子的某些温馨。并且要像编织鸟一样,织一个小小的温馨的家,将小百姓的每一个日子,从容不迫地细细地品过。你千万不要笑我阿Q精神大发扬。这不是在用阿Q精神麻痹你,而是在教你这样一个道理——任何情况之下,只要不是苦役式的命运,完全没有自由的生活,那么人至少可取两种不同的生活态度,至少可实际地选择两种不同的生活——积极的态度和消极的态度,较乐观的生活和非常沮丧的生活。而这也就意味着获得同一情况之下两种不同的生活质量……

哈市国有企业的现状是严峻的,堪忧的。东三省大多数国有企业的现状都是严峻的。这是一个艰难时代,对普遍的国有企业的工人尤其艰难。据我看来,绝非短时期内能全面改观的。国家有国家的难处,这难处不是一位英明人物的英明头脑,或一项英明决策所能一朝解决的。这个体制的负载早已太沉重了。从前中国工人的活法是七分靠国家,三分靠自己,现在看必得反过来了,必得七分靠自己,三分靠国家了。那三分,便是国家对国有企业的工人阶级的责任。它大约也只能负起这么多责任了。这责任具有历史性。

愿余生随遇而安，
　步步慢

　　既然必得七分靠自己了，你打算怎样，该认真想想。你来信说打算提前退休或干脆辞职。我支持，这就等于与自己所依赖惯了的体制彻底解除"婚约"了。这需要很大的勇气，因为你毕竟有别于年轻人。而且得清楚，那体制不会像一个富有的丈夫似的，补偿你什么。届时你的心态应该平衡，不能被某种"吃了大亏"的想法长久纠缠住。而最主要的，是你做出决定前必得有自知之明，反复问自己，什么是想干的？什么是能干的？在想干的和能干的之间，一定要确定客观实际的选择。

　　总之，你一旦决定了，你的困难，二哥会尽全力周济帮助的。过些日子，我会嘱出版社寄一笔稿费去的。你抽时间去医院看望一下大哥。今天，我集中精力写信。除了给你们三个弟弟妹妹写信，还要抓紧时间再写几封。告诉大伟，说二舅问她好。也替我问春雨好。嘱他干活注意安全。

　　余言后叙。

兄晓声
一九九六年五月三日于京

第三章
思量得失之间，拿得起也要放得下

有理想是一种正确的生活态度，
放弃理想也是一种正确的生活态度。
有时，后一种态度，
作为一种活着的艺术，乃是更明智的。
有理想有追求是一种积极主动的活法，
不被某一不切实际的理想或追求所折磨，
调整选择的方位，更是积极主动的活法。
一种活法，只要是最适合自己的，
便是最好的，最美的。

最合适的，便是最美的

哪一个青年没有过思想？谁甘愿度过平庸的一生？

当这样的问题摆在面前，很多人也许会想到宗教。

其实宗教也是一种理想。

人和植物、动物的区别，重要的一点恰恰在于人会设计自己的愿望，有实现这一愿望的冲动。理想使人高出宇宙万物，理想使人具有百折不挠的精神力量。因而当人实现这一愿望的冲动受挫，理想便使人痛苦。

如果能够进行统计的话，实现了自己的理想的人必然是少数。那么是否绝大多数的人又都是不幸的呢？我相信不是这样。

理想，说到底，无非是对某一种活法的主观的选择。客观的限制通常是强大于主观的努力的。只有极少数人的主观努力，最终突破了客观的限制，达到了理想的实现，这便使人对"主观努力"往往崇拜起来，以为只要进行了百折不挠的努力，客观的限制总有一天将被"突破"。

其实不然。

所以我认为,有理想是一种正确的生活态度,放弃理想也是一种正确的生活态度。有时,后一种态度,作为一种活着的艺术,乃是更明智的。有理想有追求是一种积极主动的活法,不被某一不切实际的理想或追求所折磨,调整选择的方位,更是积极主动的活法。

一种活法,只要是最适合自己的,便是最好的,最美的。当然,这活法,首先该是正常的正派的活法。如果人觉得,盗贼或骗子的活法,才最适合自己的话,那我们就无法与之沟通了。

曾有一位大学生,来信倾诉自己对文学的虔诚,以及想成为作家的恒心,并且因为自己是学工的,便感到自己是世界上最不幸的人了。

我回信向他指出——首先他是不实事求是的。因为考入一所名牌大学,与同龄青年相比,已首先使他成为最幸运的人了。其次,是大学生,那么学习,目前对他是最适合的。学习生活,目前对他是最好的、最美的生活。即使他最终还是要专执一念当作家,目前的学习生活,对他日后当作家,也是有益的积累。而且作家是各式各样的——无职无业的"个体作家",有职有业的半专业作家、比如我这样的作家,以创作为唯一职业的专业作家。随着社会结构的变化,拿工资的专业作家会少起来,不拿工资的"个体

第三章
思量得失之间，拿得起也要放得下

作家"和有职有业的半专业作家会多起来。他究竟要当哪一种作家呢？马上就当不拿工资的"个体作家"？生活准备不足，能靠稿费养得了自己吗？连我自己目前也不能，所以我为他担忧。我劝他目前要安心学习，先按捺下当作家的迫切愿望，将来大学毕业了，从业余作家当起，继而半专业，继而专业，如果他确有当作家的潜质的话……

可是他根本听不进我的劝告。他举例说巴尔扎克就是根本不理睬父母希望他成为律师的预想，终于成大作家的。他那么固执，我对他的固执无奈。结果他学习成绩下降，一篇篇稚嫩的"作品"也发表不出来，连续补考又不及格，不得不离开了大学校园。

他在北京流落了一个时期，写作方面一事无成，在我的资助下回老家去了。

现在他精神失常了。

这多可悲啊！

北京电影制片厂曾有过一百六七十位演员。设想，一旦成为演员，谁不想成大明星呢？但这受着个人条件的局限，受着种种机遇的摆布，致使有些人，空怀着明星梦，甚至十几年内，没上过什么影片。其中一些明智的人，醒悟较快，便改行去当剪辑、录音，或做其他方面的工作。有些是我的朋友。他们在人到中年这个关键时刻，毅然摆脱过去曾怀抱过那引起不切实际的理想的纠缠，重新选择最适合自己的活法，活得自然也活得好了。

愿余生随遇而安，
　步步慢

　　著名女作家铁凝也有过和我类似的与青年的接触。

　　一位四川乡村女青年不远万里寻找到她，希望在她的指导之下早日成为作家。须知一位作家培养另一个人成为作家这种事，古今中外实在不多。一个人能不能成为作家，关键恐怕不在培养，而在自身潜质。铁凝是很善良、很真挚、很会做思想工作的。铁凝询问了她的情况之后，友好地向她指出——对于她，第一是职业问题，因为有了职业就有了工资，有了工资就有了衣食住行的起码保障。曹雪芹把高粱米粥冻成坨，切成块，饿了吃一块，孜孜不倦写《红楼梦》，那对于他实在是无奈的下策，不是非如此便不能写出《红楼梦》。十年辛苦一部书。如果那十年的情况好些，他的身体也便会好些，也许在完成《红楼梦》之后，还能完成另一部名著。对于今天的青年，没有效仿的意义和必要。今天的青年，如果有可能找到一份工作，取得衣食住行的起码保障，为什么不呢？当然，你要一心想在什么中外合资的大公司当上一位公关小姐，每月拿着一千多元的工资，是另一回事了。须知如今大学生、研究生找到完全合乎自己愿望的工作都很难，你凭什么指望生活格外地垂青于你呢？

　　那女青年悟性很好，听从了铁凝的劝告，回到家乡去了，在一个小县城找到了一份最普通的工作。以后她常把她的习作寄给铁凝，铁凝也很认真地予以指导。终于她的文章开始在地区的小报刊上陆续刊登了，当然都是些小文章。她终于在自己生活的那个地

第三章
思量得失之间，拿得起也要放得下

方，渐渐引起了人们的注意。后来因这"一技之长"，她被调到了县里计划生育办公室搞宣传。后来她寻找到了一个好丈夫，组成了一个温暖的小家庭，有了一个可爱的孩子，生活得挺幸福。她在她生活的那个地方，寻找到了最适合她的"坐标"。对她来说，那是最好的生活，也是最美的，起码目前是这样。至于以后她是否会成为大作家，那就非铁凝能帮得了的了……

有些青年谈论理想的时候，往往忽略了现实和理想之间的时空距离。或者虽然承认有距离，却认为只要时来运转，一步便能跨越。其实有些距离，是终生不能跨过的。嗓子天生五音不全而要成为歌星，身材不美而要成为芭蕾演员，没有表演才能而非迷恋影视生涯，凡此种种，年轻时想一想是可爱的，倘非当作人生理想、人生目标去耿耿追求，又何苦呢？倘一位中国的乡村女孩儿的理想是有朝一日做西方某国的王妃，并且发誓不达目的誓不罢休，这"理想"本身岂不是就怪令人害怕吗？正如哪一位中国的作家如若患了"诺贝尔情结"，发誓不获诺贝尔文学奖便如何如何，也是要不得的。

一切生活都是生活，无论主观选择的还是客观安排的，只要不是穷困的、悲惨的、不幸接踵不幸的，只要是正常的生活，便都是值得好好生活的。须知任何一种生活都是有正面和负面的。帝王的权威不是农夫所能企盼得到的，但农夫却不必担心被杀身篡位。一切名流的生活之负面的付出，都是和他们所获得的正面成比例的。人往高处走,水往低处流,一人改变自己的命运的想法永远是天经地义无可指责的,但首先应是从最实际处开始改变。

荀子说过一句话——自知者不怨人,知命者不怨天。字面看来有点儿听天由命的样子,其实强调的是一种乐观的生活态度。没有乐观的生活态度,哪还谈得上什么积极进取呢?不必在二十多岁的时候,便给自己的一生设计好什么"蓝图"。在以后的几十年中,机遇可能随时会向你招手,只要你是有所准备的。

社会越向前发展,人的机遇将会越多而不会越少。三十岁至四十岁得到的,绝不会是你最后得到的,失去它的机会像得到它一样偶然。同样三十岁至四十岁未得到的,并不意味着你一生不能实现。你的一生也许将几次经历得到、失去、再得到、再失去,有时你的人生轨迹竟被完全彻底地改变,迫使你一切从头开始。谁准备的方面多,谁应变的能力强,谁就越能把握住一份儿属于自己的生活。当代社会越向前发展,则越将任何一种事业与人的关系,变成为不即不离,离离即即,偶尔合一,偶尔互弃的关系……

第三章
思量得失之间，拿得起也要放得下

我的少年时代

怎么的，自己就成了一个四十多岁的人了呢？

仿佛站在人生的山头上，五十岁的年龄已正在向我招手。如俗话常说的——"转眼间的事儿"。我还看见六十岁的年龄拉着五十岁的手。我知道再接着我该从人生的山头上往下走了，如太阳已经过了中午。不管我情愿不情愿，我必须接受这样一个现实……

于是茫然地，不免频频回首追寻消失在岁月里的童年和少年时代。

我是一个穷人家的孩子。父亲是建筑工人，中国的第一代建筑工人。我六岁的时候他到大西南去了，以后我每隔几年才能见到他一面。在十年"文革"中我只见过他三次，我三十三岁那一年他退休了。在我三十三岁至四十岁的七年中，父亲到北京来，和我住过一年多。一九八八年五月他再次来北京，已是七十七岁的老人了。这一年的十月，父亲病逝在北京。

愿余生随遇而安，
步步慢

父亲靠体力劳动者的低微工资养活我和弟弟妹妹们长大。我常觉得我欠父亲很多很多，我总想回报，其实没能回报。如今，这一愿望再也不可能实现。

母亲也是七十多岁的老人了。在我的印象中，母亲就没穿过新衣服。我是扯着母亲的破衣襟长大的。如今母亲是很有几件新衣服了，但她不穿。她说，都老太婆了，还分什么新的旧的。年轻时没穿过体面的，老了，更没那种要好的情绪了……

小胡同，大杂院，破住房，整日被穷困鞭笞得愁眉不展的母亲，窝窝头、野菜粥、补丁连补丁的衣服、露脚趾的鞋子……这一切构成我童年和少年时期的物质的内容。

那么精神的呢？想不起有什么精神的。却有过一些渴望——渴望有一个像样的铅笔盒，里面有几支新买的铅笔和一支书写流利的钢笔；渴望有一个像样的书包；渴望在过队日时穿一身像样的队服；渴望某一天一觉醒来睁开眼睛，惊喜地发现家住的破败的小泥土房变成了起码像种样子的房子。也就是起码门是门，窗是窗，棚顶是棚顶，四壁是四壁。而在某一隅，摆着一张小小的旧桌子，并且它是属于我的。我可以完全占据它写作业，学习……如果这些渴望都可以算是属于精神的，那么就是了。

小学三年级起我是"特困生""免费生"。初中一年级起我享受助学金，每学期三元五角钱。现在回想起来似乎是不可思议的事情。每学期三元五角钱，每个月七角钱。为了这每个月七角钱的助

第三章
思量得失之间，拿得起也要放得下

学金，常使我不知如何自我表现，才能觉得自己是一个够资格享受助学金的学生。那是一种很大的精神负担和心理负担。用今天时髦的说法，"活得累"。对于童年和少年时期的我，由于穷困所逼，学校和家都是缺少亮色和欢乐的地方……

回忆不过就是回忆而已，写出来则似乎便有"忆苦"的意味儿。我更想说的其实是这样两种思想——我们的共和国它毕竟在发展和发达着。咄咄逼人的穷困虽然仍在某些地方和地区存在着，但就大多数人而言，尤其在城市里，当年那一种穷困，毕竟是不普遍的了。如果恰恰读我这一篇短文的同学，亦是今天的一个贫家子弟，我希望他或她能产生这样的想法——梁晓声能从贫困的童年和少年度过到人生的中年，我何不能？我的中年，将比他的中年，还将是更不负年龄的中年呐！

一个人的童年和少年十分幸福，无忧无虑，被富裕的生活所宠爱着，固然是令人羡慕的，固然是一件幸事。我祝愿一切下一代人，都有这样的童年和少年。

但是，如果一个人的童年和少年不是这样，也不必看成是一件很不幸的事。不必以为，自己便是天下最不幸的人了。更不必耽于自哀自怜。我的童年和少年，教我较早地懂了许多别的孩子尚不太懂的东西——对父母的体恤，对兄弟姐妹的爱心；对一切被穷困所纠缠的人们的同情，而不是歧视他们；对于生活负面施加给人的磨难的承受力，自己要求于自己的种种的责任感，以及对于生活里一切美好事物的本能的向往，和对人世间一切美好情感的珍重……

这些，对于一个人的一生，都是有益处的。也可以认为，是生活将穷困施加在某人身上，同时赏赐于某人的补偿吧。倘人不用心灵去吸取这些，那么穷困除了是丑恶，便什么对人生多少有点儿促进的作用都没有了……

愿人人都有幸福的童年和少年……

第三章
思量得失之间，拿得起也要放得下

我的梦想

当然，我和一切别人一样，从小到大，是有过多种梦想的。

童年时的梦想是关于"家"，具体说是关于房子的。自幼生活在很小，又很低矮，半截窗子陷于地下，窗玻璃破碎得没法儿擦，又穷得连块玻璃都舍不得花钱换的家里，梦想有一天住上好房子是多么地符合一个孩子的心思呢？那家冬天透风，夏天漏雨，没有一面墙是白色的。因为那墙是酥得根本无法粉刷的，就像最酥的点心似的，微小的震动都会从墙上落土纷纷。也没有地板，甚至不是砖地，不是水泥地。几乎和外面一样的土地。下雨天，自家人和别人将外边的泥泞随脚带入屋里，屋里也就泥泞一片了。自幼爱清洁的我看不过眼去，便用铲煤灰的小铲子铲。而母亲却总是从旁训我："别铲啦！再铲屋里就成井了！"——确实，年复一年，屋地被我铲得比外面低了一尺多。以至于有生人来家里，母亲总要迎在门口提醒："当心，慢落脚，别摔着！"

哈尔滨当年有不少独门独院的苏式房屋，院子一般都被整齐的栅栏围着。小时候的我，常伏在栅栏上，透过别人家的窗子，望着别人家的大人孩子活动来活动去的身影。每每望得发呆，心驰神往，仿佛别人家里的某一个孩子便是自己……

因为父亲是新中国成立后的第一代建筑工人，所以我常做这样的梦——忽一日父亲率领他的工友们，一支庞大的建筑队，从大西南浩浩荡荡地回来了。父亲们以只争朝夕的精神，开推土机推平了我们那一条脏街，接着盖起了一片新房，我家和脏街上的别人家，于是都兴高采烈地搬入新房住了。小时候的梦想是比较现实的，绝不敢企盼父亲们为脏街上的人家盖起独门独院的苏式房。梦境中所呈现的也不过就是一排排简易平房而已。二十世纪八十年代初，六十多岁胡子花白了的父亲，从四川退休回到了家乡。已届不惑之年的我才终于大梦初醒，意识到凡三十年间寄托于父亲身上的梦想是多么的孩子气。并且着实地困惑——一种分明孩子气的梦想，怎么竟可能纠缠了我三十几年。这一种长久的梦想，曾屡屡地出现在我的小说中。以至于有评论家和我的同行曾发表文章对我大加嘲讽："房子问题居然也进入了文学，真是中国文学的悲哀和堕落！"

我也平庸，本没梦想过成为作家的。也没经可敬的作家耳提面命地教导过我，究竟什么内容配进入文学而什么内容不配。已经被我很罪过地搞进文学去了，弄得文学二字低俗了，我也就只有向文

第三章
思量得失之间，拿得起也要放得下

学谢罪了！

但，一个人童年时的梦想被他写进了小说，即使是梦，毕竟也不属于大罪吧？

现在，哈尔滨市的几条脏街已被铲平。我家和许多别人家的子女一代，都住进了楼房。遗憾的是我的父亲没活到这一天，那几条脏街上的老父亲老母亲们也都没活到这一天。父亲这位新中国第一代建筑工人，凡三十年间，其实内心里也有一个梦想，那就是——动迁。我童年时的梦想寄托在他身上，而他的梦想寄托于国家的发展步伐。

有些梦想，是靠人自己的努力完全可以实现的，而有些则完全不能实现，只能寄托于时代的国家的发展步伐的速度。对于大多数人，尤其是这样。比如家电工业发展的速度加快了，大多数中国人拥有电视机和冰箱的愿望，就不再是什么梦想。比如中国目前商品房的价格居高不下，对于大多数中国工薪阶层，买商品房依然属梦想。

少年时，有另一种梦想楔入了我的头脑——那就是当兵，而且是当骑兵。为什么偏偏是当骑兵呢？因为喜欢战马。也因为在电影里，骑兵的作战场面是最雄武的，动感最强的。具体一名骑在战马上，挥舞战刀，呐喊着冲锋陷阵的骑兵，也是最能体现出兵的英姿的。

头脑中一旦楔入了当兵的梦想，自然而然地，也便常常联想到了牺牲。似乎不畏牺牲，但是很怕牺牲得不够英勇。牺牲得很英勇又如何呢？——那就可以葬在一棵大松树下。战友们会在埋自己的深坑前肃立，脱帽，悲痛落泪。甚至，会对空放排枪……

进而联想——多少年后，有当年最亲密的战友前来自己墓前凭吊，一往情深地说："班长，我看你来了！……"

显然，是因受当年革命电影中英雄主义片段的影响才会产生这种梦想。

由少年而青年，这种梦想的内容随之丰富。还没爱过呢，千万别一上战场就牺牲了！于是关于自己是一名兵的梦想中，穿插进了和一位爱兵的姑娘的恋情。她的模样，始终像电影中的刘三姐。也像茹志鹃精美的短篇小说中那个小媳妇。我——她的兵哥哥，胸前渗出一片鲜血，将死未死，奄奄一息，上身倒在她温软的怀抱中。而她的泪，顺腮淌下，滴在我脸上。她还要悲声为我唱歌儿。都快死了，自然不想听什么英雄的歌儿。要听忧伤的民间小调儿，一吟三叹的那一种。还有，最后的，深深的一吻也是绝不可以取消的。既是诀别之吻，也当是初吻。牺牲前央求了多少次也不肯给予的一吻。二口久吻之际，头一歪，就那么死了——不幸中掺点儿浪漫掺点儿幸福……

当兵的梦想其实在头脑中并没保持太久。因为经历的几次入伍体检，都因不合格而被取消了资格。还因后来从书籍中接受了和平主义的思想，于是祈祷世界上最好是再也不发生战争，祈祷全人类

第三章
思量得失之间，拿得起也要放得下

涌现的战斗英雄越少越好。当然，如果未来世界上又发生了法西斯战争，如果兵源需要，我还是很愿意穿上军装当一次为反法西斯而战的老兵的……

在北影住筒子楼内的一间房时，梦想早一天搬入单元楼。

如今这梦想实现了，头脑中不再有关于房子的任何梦想。真的，我怎么就从来也没梦想过住一幢别墅呢？因为从小在很差的房子里住过，思想方法又实际惯了，所以对一切物质条件的要求起点就都不太高了。我家至今没装修过，两个房间还是水泥地。想想小时候家里的土地，让我受了多少累啊！再望望眼前脚下光光滑滑的水泥地，就觉得也挺好……

现在，经常交替产生于头脑中的，只有两种梦想了。

这第一种梦想是，希望能在儿子上大学后，搬到郊区农村去住。可少许多滋扰，免许多应酬，集中更多的时间和精力读书与写作。最想系统读的是史，中国的和西方的，从文学发展史到社会发展史。还想写荒诞的长篇小说，还想写很优美的童话给孩子们看，还想练书法，梦想某一天我的书法也能在字画店里标价出售。不一定非是"荣宝斋"那么显赫的字画店，能在北京官园的字画摊儿上出售就满足了。只要有人肯买，三百元二百元一幅，一手钱一手货，拿去就是。五十元一幅，也行，给点儿就行。当然得雇个人替我守摊儿，卖的钱结算下来，每月够给人家发工资就行。生意若好，我会经常给人家涨工资的。自己有空儿，也愿去守

愿余生随遇而安，
　步步慢

守摊儿，侃侃价。甚而，"老王卖瓜，自卖自夸"几句也无妨。比如，长叹一声，自言自语道："偌大北京，竟无一人识梁晓声的字的吗？"——逗别人开心的同时，自己也开心，岂非一小快活？

　　住到郊区去，有三四间房，小小一个规整的院落就是可以的。但周围的自然环境却要好。应是那种抬头可望山，出门即临河的环境。山当然不能是人见了人愁的秃山，须有林覆之。河呢，当然不能是一条污染了的河。至于河里有没有鱼虾，倒是不怎么考虑的。因为院门前，一口水塘是不能没有的。塘里自己养着鱼虾呢！游着的几十只鸭鹅，当然都该姓梁。此外还要养些鸡，炒着吃还是以鸡蛋为佳。还要养一对兔，兔养了是不杀生的。允许它们在院子的一个角落刨洞，自由自在地生儿育女。纯粹为看着喜欢，养着玩儿。还得养一条大狗，不要狼狗，而要那种傻头傻脑的大个儿柴狗。只要见了形迹可疑的生人知道吠两声向主人报个讯儿就行。还得养一头驴，配一架刷了油的木结构的胶轮驴车，县集八成便在十里以外。心血来潮，阳光明媚的好日子，亲自赶了驴车去集上买东西。驴子当然是去过几次就识路了的，以后再去也就不必管它了。自己尽可以躺在驴车上两眼半睁半闭地哼歌儿，任由它蹄儿嘚嘚地沿路自己前行就是……当然并不每天都去赶集，那驴子不是闲着的时候多吗？养它可不是为了看着喜欢养着玩儿，它不是兔儿，是牲口。不能让它变得太懒了，一早一晚也可骑着它四处逛逛。不是驴是匹马，骑着逛就不好了。那样子多脱离农民群

第三章
思量得失之间，拿得起也要放得下

众呀！

倘农民见了，定会笑话于我："瞧这城里搬来的作家，骑驴兜风儿，真逗！"——能博农民们一笑，挺好。农民们的孩子自然是会好奇地围上来的，当然也允许孩子们骑。听我话的孩子，奖励多骑几圈儿。我是知青时当过小学老师，喜欢和孩子们打成一片……

还要养一只奶羊。身体一直不好，需要滋补。妻子、儿子、母亲，都不习惯喝奶。一只奶羊产的奶，我一个人喝，足够了。羊可由村里的孩子们代为饲养，而我的小笔稿费，经常不断的，应用以资助他们好好读书。此种资助方式的可取之处是——他们幼小的心灵中，完全不必念我的什么恩德，能认为是自己的劳动所得，谁也不欠谁什么，最好。

倘那时，记者们还有不辞辛苦而前来采访的，尽管驱车前来。同行中还有看得起，愿保持交往的，我也欢迎。不论刮风下雨下雪，自当骑驴于三五里外恭候路边，敬导之……

"老婆，杀鸡！"

"儿子，拿抄子，去水塘网几条鱼！"

如此这般地大声吩咐时，那多来派！

至于我自己，陪客人们山上眺眺，河边坐坐，陪客人们踏野趣，为客人们拍照留念。

将此梦想变为现实，经济方面还是不乏能力的。自觉思考成熟

愿余生随遇而安，
步步慢

了，某日晚饭后，遂向妻子、儿子、老母亲和盘托出，却不料首先遭到老母亲的反对。"我不去。要去你自己去！"老母亲的态度异常坚决。我说："妈，去吧去吧，农村空气多好哇！"老母亲说："我一个八十多岁的老太太，需要多少好空气？我看，只要你戒了烟，前后窗开着对流，家里的空气就挺好。"我说："跟我去吧！咱们还要养头驴，还要配套车呢！我一有空儿就赶驴车拉您四处兜风儿！"

老母亲一撇嘴："我从小儿在农村长大，马车都坐得够够的了，才不稀罕坐你的驴车呢！人家的儿女，买汽车让老爸老妈坐着过瘾，你倒好，打算弄辆驴车对付我！这算什么出息？再者，你们这叫什么地方，叫太平庄不是吗？哈尔滨虽够不上大城市的等级，但那叫市！你把我从一个市接来在一个庄，现在又要把我从一个庄弄到一个村去，你这儿子安的什么心？"

我说："妈呀！那您老认为住哪儿才算住在北京了呢？你总不至于想住到天安门城楼上去吧？"

老母亲说："我是孩子吗？会那么不懂事儿吗？除了天安门，就没更代表北京的地方了吗？比如'燕莎'，那儿吧！要是能住在那儿的哪一幢高楼里，到了晚上，趴窗看红红绿绿的灯，不好吗？"

我说："好，当然是好的。您怎么知道北京有个'燕莎'呢？"老母亲说："从电视里呗！"我说："妈，您知道'燕莎'那儿的房价多贵吗？一平方米就得一万多！"她说："明知

第三章
思量得失之间，拿得起也要放得下

道你在那儿是买不起一套房子的，所以我也就是梦想梦想呗！怎么，不许？"我说："妈，不是许不许的问题，而是……实事求是地说……您的思想怎么变得很资产阶级了啊？"老母亲生气了，瞪着我道："我资产阶级？我看你才满脑袋资产阶级呢！现在，资产阶级已经变成你这样式儿的了！现在的资产阶级，开始从城市占领到农村去了！你仗着自己有点儿稿费收入，还要雇人家农民的孩子替你放奶羊，你不是资产阶级是什么？那头驴你自己有长性饲养吗？肯定没有吧？新鲜劲儿一过也得雇人饲养吧？还要有私家的水塘养鱼！我问你，你一个人一年吃得了几条鱼？吃几条买几条不就行了吗？烧包！我看你是资产阶级加地主！……"

我的梦想受到老母亲严厉的批判，一时有点儿懵懂。愣了片刻，望着儿子说："那么，儿子你的意见呢？"儿子干干脆脆地回答了两个字是——"休想。"我板起脸训道："你不去不行！因为我是你爸爸。就算我向你提出要求，你也得服从！"儿子说："你不能干涉我的居住权。这是违法的。法律面前，父子平等。何况，我目前还是学生。一年后就该高考了！"我说："那就等你大学毕业后去！"他说："大学毕业后，我不工作了？工作单位在城市，我住农村怎么去上班？"智者千虑，必有一失，这个问题我还真没考虑。儿子不去农村，分明有正当的理由。

我又愣片刻，期期艾艾地说："那……你可要保证常到农村去看老爸！我就你这么一个儿子，你有关心我的责任和义务！其实，对你也不算什么负担。将来你结婚了,小两口儿一块儿去!"

儿子淡淡地说:"那就要具体情况具体分析,看我们有没有那份儿时间和精力了!"我说:"去了对你们有好处!等于周末郊游了嘛!回来时,老爸还要给你们带上些新鲜的蔬菜瓜果。当然都是自家种的绿色植物!"妻子这时插言了:"哎等等,等等,梁晓声同志,先把话说清楚,自家种的,究竟是谁种的?你自己亲手种的吗?"老母亲又一撇嘴:"他?有那闲心?还不是又得雇人种!富农思想!地主思想!比资产阶级思想还不如!……"

我不理她们,继续说服儿子:"儿子,亲爱的儿子呀,你们小两口每次去,老爸还要给你准备一些新下的鸡蛋,刚腌好的鸭蛋、鹅蛋!还有鱼,都给你们剖了膛,刮了鳞,收拾得干干净净的……"

妻子插言道:"真贱!"

我吼她:"你别挑拨离间!我现在要的是儿子的一种态度!"

儿子终于放下晚报,语气郑重地说:"我们带回那么些杂七杂八干什么?你收拾得再干净,我们不也得做熟了吃吗?我们将来吃定伙,相中一个小饭店,去了就吃,吃了就走,那多省事儿!"

儿子一说完,看也不看我,起身回他的房间写作业去了……妻子幸灾乐祸地一拍手:"嘿,白贱。儿子根本没领情儿。"我大为扫兴,长叹一声,沮丧地说:"那么,只有我们去了!"妻子说:"哎哎哎,说清楚说清楚——你那'我们',除了你自己,

第三章
思量得失之间，拿得起也要放得下

还有谁？"我说："你呀。你是我妻子呀！你也不去，咱俩分居呀？"妻说："你去了，整天看书、写作，再不就骑驴玩儿，我陪你去了干什么？替你洗衣服、做饭？"我说："那么点儿活还能累着你？"妻说："累倒是累不着，但我其余的时间干什么？"我再次发愣——这个问题，也忽略了没考虑。我吭哧了半天，嗫嗫嚅嚅地说："那你就找农民的妻子们聊天嘛！"妻说："你当农民们的妻子都闲着没事儿哇？人家什么什么都承包了，才没精力陪城里的女人聊大天呢！只有老太太们才是农村的闲人！""那你就和她们聊……""呸！""你们都不去，我也还是要去的！我请个人照顾我！""可以！我帮你物色个半老不老的女人，要四川的？还是河南的？安徽的？你去农村，我和儿子，包括咱妈，心理上还获得解放了呢！是不妈？"老母亲连连点头："那是，那是……"我抗议地说："我在家又妨碍你们什么了？"老母亲说："你一开始写东西，我们就大声儿不敢出。你压迫了我们很久，自己不明白吗？还问！"

我的脾气终于大发作，冲妻嚷："我才用不着你物色呢！我才不找半老不老的呢！我要自己物色，我要找年轻的，模样儿讨人喜欢的，性子温顺的，善解人意的！"

妻也嚷："妈，你听，你听！他要找那样儿的！"

老母亲威严地说："他敢！"——手指一戳我额心："生花花肠子了，啊？！还反了你了呢！要去农村，你就自己去！半老不老的也不许找了！有志气，你就一切自力更生！"

哦，哦，我的美好的梦想啊，就这样，被妻子、儿子、老母亲联合起来彻底捣碎了！此后我再也没在家里重提过那梦想。

一次，我当着一位朋友又说——朋友耐心听罢，慢条斯理地开口道："你老母亲批判你，没批判错。你那梦想，骨子里是很资产阶级！那是时髦呀！你要真当北京人当腻歪了，好办！我替你联系一个农村人和你换户口，还保证你得一笔钱，干不？"

我脸红了，声明我没打算连北京户口也不要了……

朋友冷笑道："猜你也是这样！北京人的身份，那是要永远保留着的，却装出讨厌大都市、向往农村的姿态。说你时髦，就时髦在这儿……"

我说："我不是装出……"

朋友说："那就干脆连户口也换了！"

我张张嘴，一时不知再说什么好。

此后，我对任何人都不敢再提我那自觉美好的梦想了。

但——几间红砖房，一个不大不小的农家院落，院门前的水塘、驴、刷了油漆的木结构的胶轮车等等梦想中的实景实物，常入我梦——要不怎么叫梦想呢……

现在，我就剩下一个梦想了。那是——在一处不太热闹也不太冷清的街角，开一间小饭店。面积不必太大，一百多平方米足矣。装修不必太高档，过得去就行。不为赚钱，只为写作之余，

第三章
思量得失之间，拿得起也要放得下

能伏在柜台上，近距离地观察形形色色的人，倾听他们彼此的交谈。也不是为了收集什么写作的素材，我写作不靠这么收集素材。根本就与写作无关的一个梦想。

究竟图什么？

也许，仅仅企图变成一个毫无动机的听客和看客吧！即毫无动机，则对别人无害。

为什么自己变得喜欢这样了呢？

连自己也不清楚。

任何两个人的交谈或几个人的交叉交谈，依我想来，只要其内容属于闲谈的性质——本身都是一部部书，一部部意识流风格的书。

觉得自己融在这样一部部书里，觉得自己的存在毫无意义地消解在那样的也毫无意义的意识流里，有时其实是极好的感觉。我的第二种梦想，与我对那一种感觉的渴望有关。经常希望在某一时间和某一空间内，变成一棵植物似的一个人——听到了，看见了，但是绝不走脑子，也不产生什么想法。只为自己有能听到和能看见的本能而愉悦。好比一棵植物，在阳光下懒洋洋地垂卷它的叶子，而在雨季里舒展叶子的本能一样。倘叶子那一时也是愉快的，我的第二种梦想，与拥抱住类似的愉快有关……

愿余生随遇而安，
　步步慢

为自己办一所大学

　　现在，全中国的大学都在有计划地而又尽量地扩招，更有新的大学在兴办着。确乎的，有机会读大学的下一代，人数比例是快速地增加了。

　　但是，不少在别人看来很幸运地考上了大学的学子们，往往一年两年读下来，随之对他们的大学感到了失望。除了名牌大学和热门专业的学子们状态良好，那一种失望是较普遍的。他们在被形容为"金色年华"的六年的时间里，连续经历三次中国特色的升学考试。而那六年从人的心理年龄上讲，是本不该经历那么严峻的"事件"的。真的，他们所经历的三次考试，无论对于他们自己，还是对于家长们，难道还不算是严峻的"事件"吗？他们原本以为，终于考上了大学，终于可以在经历了三次严峻的"事件"之后喘息一下了，可是大学里的学业更加繁重，要学四十几门之多，连星期六和星期日还要加课。

第三章
思量得失之间，拿得起也要放得下

普遍的家长们有着这样的一种观点——我们已经尽我们的能力使你们无忧无虑了，你们要做好的事情只有一桩，那就是学习。而学习是多么愉快之事啊，你们怎么还水深火热似的呢？

看来，这未免是太局外人的疑问了。

某件事的性质无论对人是多么有益的，当它的进行时成了一种超负荷的过程时，它对人的性质往往会倾斜向反面。即使它的性质原本是诗性的，其诗性也会不同程度地被抵消掉。

大学的课程真的需要四十几门之多吗？

这四十几门之多的课程，究竟是在以学生为中心的教育理念之下确定了的，还是太多地考虑到了其他的因素？

这四十几门之多的课程，真的反而有利于专业的精深吗？

是不是课程的门类越多，便越体现着综合素质的培养呢？

若论综合素质的培养，则我以为，普遍的大学里最薄弱的环节，薄弱得几乎被忽视的环节，反而是人文思想教育的方面了。

而大学里，无论理科的工科的还是文理综合类，倘薄弱了人文思想之教育，那也就几乎将大学的教育功能降低到了民间匠师的水准了。

而即或从前民间的匠师，也是既教技艺，又教做人的。"师傅领进门，修行在个人。"——不是好师傅的座右铭，而是好徒弟的座右铭。从前，父母将孩子引至师傅跟前，行过拜师之礼后（从前拜师之礼是大礼），往往说的一句话是——"师傅，托付给您了!"正包含着父母对孩子将来成才的双重的希望——谋生的技能方面和立世的做人方面。而从前的师傅们,如果是一位好师傅的话,也总是尽量从两方面不负重托的。"认认真真演戏,清清白白做人""货真价实,童叟无欺""同行相冤,莫如相全"这些都是从前的师傅们对徒弟们的训诲,具有民间的极朴素的人文教育的意味。初级是很初级的,但毕竟是尽心思了。

现在的大学,一届一届一批一批地向社会输送着几乎纯粹的技能型人。而几乎纯粹的技能型人,活动于社会的行状将无疑是简单功利的。其人生也每因那简单功利而磕磕绊绊,或伤别人,或害自己。

但是在四十几门课程的压力之下,教师们又怎么能做得比从前的师傅们更好?学子们又怎么能在大学里也兼顾做人的自修?

我听说过这样一件事,是一位外国朋友告诉我的,发生在他的外资公司在中国公开招聘的现场:一名大学生填表格之际,错了揉,揉了又错,揉成的纸团便扔在地上;而另一名大学生接连替之捡起,没发现纸篓,便揣在自己兜里……

我的外国朋友将这一切看在眼里,他手指着两名大学生说:"你,不要填了,因为你没有必要再接受面试了;你,也不要填了,后天可以直接来面试。"

我还是不写出那名连填表资格都当场被取消了的大学生是哪一名牌大学的学子了吧。但那一名不必填表就被允许直接面试,并被

第三章
思量得失之间，拿得起也要放得下

录取了的学生，我的外国朋友告诉我——他是郑州的一所纺织机械学院的男生。这件事其实和他们各自的学校毫无关系。却不能不说和他们各自做人方面的起码自修有关系。

这世界上的任何一所大学都无法连这一点也一并教着，那么大学就真的是高等幼稚园了。

大学里要不要减负，也主要是国家教委的事情。

其实，我最想说的是要说给大学学子们的话：既然对中国大学的现状不满意，那么就自己为自己办一所大学吧，在自己的心灵里。学生，只是自己一个人；教师，是一切古今中外的学者，或作家，或诗人；教材，是一切自己喜欢的读物，或历史的，或文艺的，或传记的，或足以陶冶性情的，甚或足以消遣的。这不用教委决定，这是自己完全做得了主的事；教育方针——自修以及自娱式的阅读，一种最容易向自己一个人推行的教育方针。

这肯定会使你们在大学里的时间更不够用。

那么，我进一步的建言是：除了几门直接关系到你们将来择业问题的硬主科，其他一概的课程，对付个及格就行了。某些被列为主科或必考的课程，我以为，无论是对于教着的教师还是学着的学子，都是不值得必争一搏二地对待的。

我对教文化选修课的老师们也斗胆建言，那就是，千万思想明白了。目前，我和你们在大学里的使命，不妨理解为是一种减缓学子们课程多多的压力，使他们得以换脑的方式。在这一纯粹为使他

愿余生随遇而安，
　步步慢

们轻松一时的前提之下，我们或多或少潜移默化地将人文的营养提供给学子们，完全由他们任意地选择性地接受。倘他们的评价是——"我并不反感"，我以为我们便有理由欣慰。

　　我为将来的中国学子们做这样的虔诚祈祷：有一天在中国有一所按照新理念兴办起来的大学出现了，学子可以只按照愿望主攻一门主科和几门副科。主科当然定是他们为了迈出校门以后择业而学的，副科是他们为了第二职业而学的。教这些课程的老师，又一定会是使他们学得深学得透的老师。其余一概课程，全由他们凭兴趣选修，从社会学到心理学到文化艺术甚至到收藏到烹饪，好比最丰盛的自助餐。目的只有一个，那就是到他们毕业的时候他们能说："大学不仅仅教给了我谋生之本，还使我成了一个可爱的人、幸运的人，是我一辈子最怀念的地方！"

第三章
思量得失之间,拿得起也要放得下

"理想"的误区

依我看来,"理想"这一词的词性,是不太好一言以蔽之地确定的。我总觉得它也可以被当成形容词,因为它所意象着的目标必是引诱人的。它还可以被当成动词,起码可以被当成动词的前导词。因为有了理想往往接着便有追求,追求跟着理想走。

人类有理想,国家有理想,民族有理想,每一个具体的个人,通常也都有理想。而具体的个人的理想,皆以他人的人生作参照。在我们这个地球上,有一些人,一出生就已经是贵族了,甚至是王储,或公主;有一些人,一出生就已经是亿万富豪了,因为他或她命中注定是庞大遗产的继承者;有一些人,生逢其时,吉星高照,以几十年的苦心经营,终换来了累累商业硕果;有一些人,靠着天才的头脑,抓住了机遇,成了发明家,名下的专利自然而然地转化为滚滚钱钞;有一些人,赖父辈的家族的权力背景而立,捷足易登,仅仅几步就走向了奢侈的生活水平;有一些人,受

愿余生随遇而安，
　步步慢

"上帝"的青睐，胎里带着优秀的艺术细胞，于是而名而富；有一些人，由时代所选择，青年得志，功名利禄集齐一身……商业时代的媒体，一向对这一些人大加宣传。仿佛他们的人生，不但是大家的人生的样板，也是大家只要有志气便都可以追求到的"理想"似的。

这一种宣传的弊端是，使我们这个时代的，尤其是中国的青少年群体之相当多的一部分，陷于对社会普遍规律、对人生普遍规律的基本认识的误区。

我这样说，并不意味着我对以上"一些"人之人生持什么否定的态度。我又不是傻瓜，和每一个不是傻瓜的人一样，毫无保留地认为以上"一些"人的人生，乃是极其幸运的人生。谁若能成为以上"一些"人中的任何一类，无疑将活得特别潇洒。那样的人生确是一种福分。姑且不论那样的人生也包含着可敬的或可悲的付出。

我要指出的是，那样"一些"人，实在是我们这个地球上极少数的一类人，统统加起来，也只不过是几百万分之一。这还是指那样"一些"人中的"普通"类型。至于那样"一些"人中的佼佼者，则就是千万分之一了。比如整个亚洲半个世纪以来只出了一位李嘉诚和一位成龙。

那样"一些"人之人生，有的足以为我们提供成功人生的经验，有的却几乎没有任何可比因素。时代往往一次性地成全"一

第三章
思量得失之间，拿得起也要放得下

些"人的人生。时代完成它那一种使命，往往要具备不少先决的条件。时过境迁，条件改变了，那样"一些"人的人生，便非是靠志气和经验所能"复制"的了，只在精神激励的方面有"超现实"的积极意义了……

我主张有理想有志气的青少年，不必一味仰视着那样"一些"人开始走自己的人生之路；而首先要扫视一下自己的周围再确立自己的人生目标，再决定自己的人生究竟该怎么走。

扫视一下自己的周围便会发现，许许多多堪称优秀的男人或女人，在物质生活方面，其实都正过着仅比一般生活水平稍高一点儿的生活。他们毕业于名牌大学，他们留过学，他们有双学位甚至顶尖级的高学位，他们敬业而且在自己的专业领域有所成就，他们已经青春不再，人届中年，他们有才华和才干，也有所谓的"资产"……

但他们确乎非是富有的"一些"人。

他们的月薪相对高点，但绝非"大款"。

他们住的相对宽敞，但绝不敢奢想别墅。

他们买得起私家车，但必是"捷达"或"普桑"。

他们的人生能达到这样的程度，少说是在大学毕业后靠了五年的努力，多说靠了十年十五年的努力……

如果算上他们从小学考初中，从初中考高中，从高中考大学，进而考硕考博所付出的孜孜不倦丝毫也不敢懈怠的学习方面的努力,那他们为已达到的现状在激烈竞争的社会中付出了多么沉甸甸的代价可想而知……

对于最最广大的中国人而言,没有他们那一种付出和努力,欲使自己的人生达到他们那样的程度也简直是异想天开!或曰:那也算是成功的人生吗?究竟可不可以算是成功的人生我不敢妄下断言。但我知道,那一种人生在中国已是很不容易争取到的人生。即使在日本,在美国,在我们的同胞世代生存的香港和台湾,普遍的努力的人生,也只不过便是那样的……

我主张正为自己的人生蓄力储智的青少年,首先应将这样的人生定为追求的目标。它近些,对它的追求也现实些。我并不是在主张无为的人生。我只不过主张人生目标的追求要分阶段,每一阶段都要脚踏实地去走。至于更高的人生的目标,更大的人生的志向,似应在接近了最近最现实的人生目标以后再拟计划……这便是我认为的社会的普遍规律和人生的普遍规律。倘连普遍都还难以超越,竟终日仰视"一些"人的极个别的人生,并且非那一种"理想"而不"追求",则也许最终连拥有普遍的人生的资格都断送了……

第三章
思量得失之间，拿得起也要放得下

父亲的演员生涯

父亲去世已经一个月了。

我仍为我的父亲戴着黑纱。

有几次出门前，我将黑纱摘了下来，但倏忽间，内心里涌起一种怅然若失的情感。戚戚地，我便又戴上了。我不可能永不摘下。我想，这是一种纯粹的个人情感。尽管这一种个人情感在我有不可殚言的虔意。我必得从伤绪之中解脱，也是无须别人劝慰我自己明白的。然而怀念是一种相会的形式，我们人人的情感都曾一度依赖于它。

这一个月里，又有电影或电视剧制片人员，到我家来请父亲去当群众演员。他们走后，我就独自静坐，回想起父亲当群众演员的一些微事……

一九八四年至一九八六年，父亲栖居北京的两年，曾在五六部电影和电视剧中当过群众演员。在北影院内，甚至范围缩小到我当年居住的十九号楼内，这乃是司空见惯的事。

父亲被选去当群众演员，毫无疑问地最初是由于他那十分惹人注目的胡子。父亲的胡子留得很长，长及上衣第二颗纽扣，总体银白，须梢金黄。谁见了谁都对我说：梁晓声，你老父亲的一把大胡子真帅！

父亲生前极爱惜他的胡子。兜里常揣着一柄木质小梳，闲来无事，就梳理。

记得有一次，我的儿子梁爽天真地发问："爷爷，你睡觉的时候，胡子是在被窝里，还是在被窝外呀？"

父亲一时答不上来。

那天晚上，父亲竟至于因为他的胡子而几乎彻夜失眠。竟至于捅醒我的母亲，问自己一向睡觉的时候，胡子究竟是在被窝里还是在被窝外。无论他将胡子放在被窝里还是放在被窝外，总觉得不那么对劲。

父亲第一次当群众演员，在《泥人常传奇》剧组。导演是李文化。副导演先找了父亲，父亲说得征求我的意见。父亲大概将当群众演员这回事看得太重，以为便等于投身了艺术。所以希望我替他做主，判断他到底能不能胜任。父亲从来不做自己胜任不了之事，他一生不喜欢那种滥竽充数的人。

我替父亲拒绝了。那时群众演员的酬金才两元。我之所以拒绝不是因为酬金低，而是因为我不愿我的老父亲在摄影机前被人呼来

第三章
思量得失之间，拿得起也要放得下

唤去的。

李文化亲自来找我——说他这部影片的群众演员中，少了一位长胡子老头儿。

"放心，我吩咐对老人家要格外尊重，要像尊重老演员们一样还不行吗？"——他这么保证。

无奈我只好违心同意。

从此，父亲便开始了他的"演员生涯"——更准确地说，是"群众演员"生涯——在他七十四岁的时候……

父亲演的尽是迎着镜头走过来或背着镜头走过去的"角色"。说那也算"角色"，是太夸大其词了。不同的服装，使我的老父亲在镜头前成为老绅士、老乞丐，摆烟摊的或挑菜行卖的……

不久，便常有人对我说："哎呀晓声，你父亲真好。演戏认真极了！"

父亲做什么事都认真极了。

但那也算"演戏"吗？

我每每的一笑罢之。然而听到别人夸奖自己的父亲，内心里总是高兴的。

一次，我从办公室回家，经过北影一条街——就是那条旧北京假影街，见父亲端端地坐在台阶上。而导演们在摄影机前指手画脚地议论什么，不像再有群众场面要拍的样子。

时已中午，我走到父亲跟前，说："爸爸，你还坐在这儿干什么呀？回家吃饭！"

父亲说："不行，我不能离开。"

我问："为什么？"

父亲回答："我们导演说了——别的群众演员没事儿了，可以打发走了。但这位老人不能走，我还用得着他！"

父亲的语调中，很有一种自豪感似的。

父亲坐得很特别，那是一种正襟危坐。他身上的演员服，是一件褐色绸质长袍。他将长袍的后摆掀起来搭在背上，而将长袍的前摆卷起来放在膝上。他不依墙，也不靠什么。就那样子端端地坐着，也不知已经坐了多久。分明的，他唯恐使那长袍沾了灰土或弄褶皱了。

父亲不肯离开，我只好去问导演。导演却已经把我的老父亲忘在脑后了，一个劲儿地向我道歉……中国之电影电视剧，群众演员的问题，对任何一位导演都是很沮丧的事。往往的，需要十个群众演员，预先得组织十五六个，真开拍了，剩下一半就算不错。有些群众演员，钱一到手，人也便脚底板抹油，溜了。群众演员，在这一点上，倒可谓相当出色地演着我们现实中的些个"群众"、些个中国人。

难得有父亲这样的群众演员。我细思忖，都愿请我的老父亲当群众演员，当然并不完全因为他的胡子，那两年内，父亲睡在我的办公室。有时我因写作到深夜，常和父亲一块儿睡在办公室。有一

第三章
思量得失之间，拿得起也要放得下

天夜里，下起了大雨。我被雷声惊醒，翻了个身，黑暗中，恍恍地，发现父亲披着衣服坐在折叠床上吸烟。我好生奇怪，不安地询问："爸，你怎了？为什么夜里不睡吸烟？爸你是不是有什么心事啊？"黑暗之中，但闻父亲叹了口气。许久，才听他说："唉，我为我们导演发愁哇！他就怕这几天下雨……"

父亲不论在哪一个剧组当群众演员，都一概地称导演为"我们导演"。从这种称谓中我听得出来，他是把他自己——一个迎着镜头走过来或背着镜头走过去的群众演员，与一位导演之间联得太紧密了。或者反过来说，他是把一位导演，与一个迎着镜头走过来或背着镜头走过去的群众演员联得太紧密了。

而我认为这是荒唐的；而我认为这实实在在是很犯不上的。我嘟哝地说："爸，你替他操这份心干吗？下雨不下雨的，与你有什么关系？睡吧睡吧！""有你这么说话的吗？"父亲教训我道，"全厂两千来人，等着这一部电影早拍完，才好发工资，发奖金！你不明白？你一点儿不关心？"

我佯装没听到，不吭声。

父亲刚来时，对于北影的事，常以"你们厂"如何如何而发议论，而发感慨。不知从什么时候开始，他不说"你们厂"了，只说"厂里"了。倒好像，他就是北影的一员。甚至倒好像，他就是北影的厂长……

天亮后，我起来，见父亲站在窗前发怔。我也不说什么，怕一说，使他觉得听了逆耳，惹他不高兴。后来父亲东找西找的，我问找什么。他说找雨具。他说要亲自到拍摄现场去，看看今天究竟是能拍还是不能拍。他自言自语："雨小多了嘛！万一能拍呐？万一能拍，我们导演找不到我，我们导演岂不是要发急吗？"听他那口气，仿佛他是主角。我说："爸，我替你打个电话，向你们剧组问问不就行了吗？"父亲不语，算是默许了。于是我就到走廊去打电话，其实是给我自己打电话。回到办公室，我对父亲说："电话打过了。你们组里今天不拍戏。"——我明知今天准拍不成。父亲火了，冲我吼："你怎么骗我？！你明明不是给我剧组打电话！我听得清清楚楚。你当我耳聋吗？"父亲他怒赳赳地就走出去了。我站在办公室窗口，见父亲在雨中大步疾行，不免羞愧。对于这样一位太认真的老父亲，我一筹莫展……

父亲还在朝鲜选景于中国的一个什么影片中担当过群众演员。当父亲穿上一身朝鲜民族服装后，别提多么像一位朝鲜老人了。那位朝鲜导演也一直把他视为一位朝鲜老人。后来得知他不是，表示了很大的惊讶。也对父亲表示了很大的谢意，并单独同父亲合影留念。

那一天父亲特别高兴，对我说："我们中国的古人，主张干什么事都认真。要当群众演员，咱们就认认真真地当群众演员。咱们这样的中国人，外国人能不看重你吗？"

记得有天晚上，是一个星期六的晚上，我和妻子和老父母一块

第三章
思量得失之间，拿得起也要放得下

儿包饺子，父亲擀皮儿。忽然父亲长叹一声，喃喃地说："唉，人啊，活着活着，就老了……"

一句话，使我、妻、母亲面面相觑。母亲说："人，谁没老的时候？老了就老了呗！"父亲说："你不懂。"妻煮饺子时，小声对我说："爸今天是怎么了？你问问他。一句话说得全家怪纳闷怪伤感的……"吃过晚饭，我和父亲一同去办公室休息。睡前，我试探地问："爸，你今天又不高兴了吗？"父亲说："高兴啊。有什么不高兴的！"我说："那么包饺子的时候叹气，还自言自语老了老了的？"父亲笑了，说："昨天，我们导演指示——给这老爷子一句台词！连台词都让我说了，那不真算是演员了吗？我那么说你听着可以吗？……"我恍然大悟——原来父亲是在背台词。我就说："爸，我的话，也许你又不爱听。其实你愿怎么说都行！反正到时候，不会让你自己配音，得找个人替你再说一遍这句话……"父亲果然又不高兴了。父亲又以教训的口吻说："要是都像你这种态度，那电影能拍好吗？老百姓当然不愿意看！一句台词，光是说说的事吗？脸上的模样要是不对劲，不就成了嘴里说阴，脸上作晴了吗？"父亲的一番话，倒使我哑口无言。惭愧的是，我连父亲在其中当群众演员而且说过一句台词的这部电影，究竟是哪个厂拍的，片名是什么，至今一无所知。我说得出片名的，仅仅三部电影——《泥人常传奇》《四世同堂》《白龙剑》。前几天，电视里重播电影《白龙剑》，妻忽指着屏幕说："梁爽你看你爷爷！"我正在看书，目光立刻从书上移开，投向屏幕——哪里有父亲的影子……我急问："在哪儿在哪儿？"妻说："走过去了。"

是啊，父亲所"演"，不过就是些迎着镜头走过来或背着镜头走过去的群众角色。走的时间最长的，也不过就十几秒钟。然而父亲的确是一位极认真极投入的群众演员——与父亲"合作"过的导演们都这么说……

在我写这篇文字时，又有人打来电话——

"梁晓声？……"

"是我。"

"我们想请你父亲演个群众角色啊！……"

"这……我父亲已经去世了……"

"去世了？……对不起……"

对方的失望大大多于对方的歉意。

如今之中国人，认真做事认真做人的，实在不是太多了。如今之中国人，仿佛对一切事都没了责任感。连有些当着官的人，都不大肯愿意认真地当官了。

有些事，在我，也渐渐地开始不很认真了。似乎认真首先是对自己很吃亏的事。

父亲一生认真做人，认真做事。连当群众演员，也认真到可爱的程度，这大概首先与他愿意是分不开的。一个退了休的老建筑工

第三章
思量得失之间，拿得起也要放得下

人，忽然在摄影机前走来走去，肯定是他的一份儿愉悦。人对自己极反感之事，想要认真也是认真不起来的。这样解释，是完全解释得通的。但是我——他的儿子，如果仅仅得出这样的解释，则证明我对自己的父亲太缺乏了解了！

我想——"认真"二字，之所以成为父亲性格的主要特点，也许更因为他是一位建筑工人，几乎一辈子都是一位建筑工人，而且是一位优秀的获得过无数次奖状的建筑工人。

一种几乎终生的行业，必然铸成一个人明显的性格特点。建筑师们是不会将他们设计的蓝图给予建筑工人——也即那些砖瓦灰泥匠们过目的。然而哪一座伟大的宏伟建筑，不是建筑工人们一砖一瓦盖起来的呢？正是那每一砖每一瓦，日复一日、月复一月、年复一年地，十几年、几十年地，培养成了一种认认真真的责任感。一种对未来之大厦矗立的高度的可敬的责任感。他们虽然明知，他们所参与的不过一砖一瓦之劳，却甘愿通过他们的一砖一瓦之劳，促成别人的冠环之功。

他们的认真乃因为这正是他们的愉悦！

愿我们的生活中，对他人之事的认真，并能从中油然引出自己之愉悦的品格，发扬光大起来吧！

父亲是一个普通得不能再普通的人。父亲曾是一个认真的群众演员。或者说，父亲是一个"本色"的群众演员。

以我的父亲为镜，我常不免地问我自己——在生活这大舞台

愿余生随遇而安，
　步步慢

上，我也是演员吗？我是一个什么样的演员呢？就表演艺术而言，我崇敬性格演员。就现实中人而言，恰恰相反，我崇敬每一个"本色"的人，而十分警惕"性格演员"……

第三章
思量得失之间，拿得起也要放得下

心灵的花园

谁不希望拥有一个小小花园？哪怕是一丈之地呢！若有，当代人定会以木栅围起。那木栅，我想也定会以个人的条件和意愿，摆弄得尽可能地美观。然后在春季撒下花种，或者移栽花秧。于是，企盼着自己喜爱的花儿日日地生长、吐蕾，在夏季里姹紫嫣红开成一片，虽在秋季里凋零却并不忧伤。仔细收下了花籽儿，待来年再种，相信花儿能开得更美……

真的，谁不曾怀有过这样的梦想呢？

都市寸土千金，地价炒得越来越高。拥有一个小小花园的希望，对寻常之辈不啻是一种奢望，一种梦想。某些副部级以上的干部，而且是老资格的，才有可能把希望变成现实。于是，令寻常之人羡眼乜斜。

我想，其实谁都有一个小小花园，谁都是有苗圃之地的，这便是我们的内心世界。人的智力需要开发，人的内心世界也是需要开发的。人和动物的区别，除了众所周知的诸多方面，恐怕还在于人有内心世界。心不过是人的一个重要脏器，而内心世界是一种景观，它是由外部世界不断地作用于内心渐渐形成的。每个人都无比关注自己及至亲至爱之人心脏的健损，以至于稍有微疾便惶惶不可终日。但并非每个人都关注自己及至亲至爱之人的内心世界的阴晴，己所无视，遑论他人？

我常"侍弄"我心灵的苗圃。身已不健，心倘尤秽，又岂能活得好些？职业的缘故，使我惯对自己和他人的心灵予以研究。结论是——心灵，亦即我所言内心世界，是与人的身体健康同样重要的。故保健专家和学者们开口必言的一句话，不仅仅是"身体健康"，而且是"身心健康"。

我爱我的儿子梁爽。他读小学，这正是一个人的内心世界开始形成的年龄。我也常教他学会如何"侍弄"他那小小心灵的苗圃。"侍弄"这个词，用在此处是很勉强的，不那么贴切，姑且借用之吧！意思无非是——人自己的内心世界如果自己惰于拂拭，是会浮尘厚积、杂草丛生的。也许有人联系到禅家的一桩"公案"——"时时勤拂拭，莫使惹尘埃"之说的"俗"和"本来无一物，何处惹尘埃"之说的"彻悟"。

我系俗人，仅能以俗人的观念和方式教子。至于禅家乃至禅祖们的某些玄言，我一向是抱大不恭的轻慢态度的。认为除了诡辩技巧的机智，没什么真的"深奥"。现代人中，我不曾结识过一个内

第三章
思量得失之间，拿得起也要放得下

心完全"虚空"的。满口"虚空"，实际上内心物欲充盈、名利不忘的，倒是大有人在。何况我又不想让我的儿子将来出家，做什么云游高僧。故我对儿子首先的教诲是——人的内心世界，或言人的心灵，大概是最容易招惹尘埃、沾染污垢的，"时时勤拂拭"也无济于事。心灵的清洁卫生只能是相对的，好比人的居处的清洁卫生只能是相对的。而根本不拂拭，甚至不高兴别人指出尘埃和污垢，则是大不可取的态度，好比病人讳疾忌医。

一次儿子放学回到家里，进屋就说："爸爸，今天同学的红领巾被老师收去了！"我问为什么。儿子回答："犯错误了呗！把老师气坏了！"

那同学是他好朋友，却有些日子不到家里来玩儿了。我依稀记得他讲过，似乎老师要在他们两者之间选拔一名班干部。

我又问："你高兴？"他怔怔地瞪着我。

我将他召至跟前，推心置腹地问："跟爸爸说实话，你是不是因此而高兴？"他便诚实地回答："有点儿。"我说："你学过一个词，叫'幸灾乐祸'，你能正确解释这个词吗？"他说："别人遭到灾祸时自己心里高兴。"我说："对。当然，红领巾被老师收去了，还算不得什么灾。但是，你心里已有了这种'幸灾乐祸'的根苗，那么你哪一天听说他生病了、住院了，甚至生命有危险了，说不定你内心里也会暗暗地高兴。"

儿子的目光告诉我，他不相信自己会那样。我又说："为什么

愿余生随遇而安，
步步慢

他的红领巾被老师收去了，你会高兴呢？让爸爸替你分析分析，你想一想对不对——如果你们老师并不打算在你们两个之间选拔一名班干部，你倒未必幸灾乐祸。如果你心里清楚，老师最终选拔的肯定是你，你也未必幸灾乐祸。你之所以幸灾乐祸，是因为自己感到，他和你被选拔的可能性是相等的，甚至他被选拔的可能性更大些。于是你才因为他犯了错误，惹老师生气了而高兴。你觉得，这么一来，他被选拔的可能性缩小，你自己被选拔的可能性就增大了。你内心里这一种幸灾乐祸的想法，完全是由嫉妒产生的。你看，嫉妒心理多丑恶呀，它竟使人对朋友也幸灾乐祸！"

儿子低下了头。

我接着说："如果他并没犯错误，而老师最终选拔他当了班干部，你现在幸灾乐祸，就可能变成一种内心里的愤恨了。那就叫嫉妒的愤恨。人心里一旦怀有这一种嫉妒的愤恨，就会进一步干出不计后果、危害别人、危害社会的事，最后就只有自食恶果。一切怀有嫉妒的愤恨的人，最终只有那样一个下场……"

接着我给他讲了两件事——有两个女孩儿，她们原本是好朋友，又都是从小学芭蕾的。一次，老师要从她们两人中间选一个主角。其中一个认为肯定是自己，应该是自己，可老师偏偏选了另一个。于是，她就在演出的头一天晚上，将她好朋友的舞裙剪成了一片片。另外有两个女孩儿，是一对小杂技演员。一个是"尖子"，也就是被托举起来的；另一个是"底座"，也就是将对方

第三章
思量得失之间,拿得起也要放得下

托举起来的。她们的演出几乎场场获得热烈的掌声。可那个"底座"不知为什么,内心里怀上了嫉妒,总是莫名其妙地觉得,掌声是为"尖子"一个人鼓的。她觉得不公平。日复一日的,那一种暗暗的嫉妒,就变成了嫉妒的愤恨。她总是盼望着她的"尖子"出点儿什么不幸才好。终于有一天,她故意失手,制造了一场不幸,使她的"尖子"在演出时当场摔成重伤……

最后我对儿子讲,如果那两个因嫉妒而干伤害别人之事的女孩儿,不是小孩儿是大人,那么她们的行为就是犯罪行为了……

儿子问:"大人也嫉妒吗?"

我说大人尤其嫉妒。一旦嫉妒起来尤其厉害,甚至会因嫉妒杀人放火,干种种坏事。也有因嫉妒太久,又没机会对被嫉妒的人下手而自杀的……

我说,凡那样的大人,皆因从小的时候开始,就让嫉妒这颗种子,在心灵里深深扎了根。他们的内心世界,不是花园,不是苗圃,而是荆棘密布的乱石岗……

儿子问:"爸爸你也嫉妒过吗?"

我说我当然也嫉妒过,直到现在还时常嫉妒比自己幸运比自己优越比自己强的人。我说人嫉妒人是没有办法的事。从伟大的人到普通的人,都有嫉妒之心。没产生过嫉妒心的人是根本没有的。

儿子问:"那怎么办呢?"

我说,第一,要明白嫉妒是丑恶的,是邪恶的。嫉妒和羡慕还不一样。羡慕一般不产生危害性，而嫉妒是对他人和社会具有危害性和危险性的。第二，要明白，不可能一切所谓好事、好的机会，都会理所当然地降临在你自己头上。当降临在别人头上时，你应对自己说，我的机会和幸运可能在下一次。而且，有些事情并不重要。比如对于一个小学生来说，当上当不上班干部，并不说明什么。好好学习才是首要的……

儿子虽然只有十几岁，但我经常同他谈心灵。不是什么谈心，而是谈心灵问题。谈嫉妒、谈仇恨、谈自卑、谈虚荣、谈善良、谈友情、谈正直、谈宽容……

不要以为那都是些大人们的话题，十几岁的孩子能懂这些方面的道理了。该懂了，而且，从我儿子，我认为，他们也很希望懂。我认为，这一切和人的内心世界有关的现象，将来也必和一个人的幸福与否有关。我愿我的儿子将来幸福，所以我提前告诉他这些……

邻居们都很喜欢我的儿子，认为他是个"懂事"的好孩子。同学们跟他也都很友好，觉得和他在一起高兴，愉快。

我因此而高兴，而愉快。

我知道，一个心灵的小花园，"侍弄"得开始美好起来了……

第四章
世界繁乱，我们能够改变的恰恰只有我们自己

若我患病，就会想，
许多人都患病的，凭什么我例外？
若我生癌，也会想，不少杰出的人都不幸生了癌，
凭什么上帝非呵护于我？
若我惨遭车祸，会想，车祸几乎是每天发生的。
总之我以后的生命，无论这样或那样了，
都不再会认为自己是多么的不幸了。

第四章
世界繁乱，我们能够改变的恰恰只有我们自己

人间自有温情在

两年前，有一陌生青年叩开我家门。

我一坐定就跟我谈人心之不古，以及世道之险恶。

随后就谈"他人皆地狱"，一副视他人全是仇敌的样子。那是一种很激愤的样子。似乎他已活了好几百年，打从人心很古的时代活过来的，所以对人心之不古特别地痛心疾首。又似乎终于认清了一条真理，认清了宇宙间唯一的一条真理。这一条真理便是"他人皆地狱"。

大抵真理总有根据支撑着。

他说人都是极端自私的东西。

他说"人不为己天诛地灭"这句话再正确不过了。

他说他从他的生活经历中总结出了几条生活经验。其中一条便是——即使对那些热忱帮助你的人，你心里也须防着他。并且时刻问自己——他帮助你图的什么？倘你是女性，那么对方一定有男人

的非分之想无疑，倘你正在落魄之际，那么对方一定早已想好了，在你发达之后，向你勒索怎样的报答。所谓"无利不起早"。

我问他来找我干什么，是不是就为耳提面命的，对我进行这样一番"再教育"？

他这才从他的包里取出一个沉甸甸的大信封，说内中装着他的手稿，三十余万字。说要求我给看看，要求在三天内看完。说要求我推荐给某大型文学刊物。

我说："'他人皆地狱'——这是你信奉的真理。那么我对你来说，地狱也。你找你的地狱帮忙，岂不是太冒险的事吗？'人不为己天诛地灭'——也是你信奉的。我呢，尽管原先不太信，现在却已被你开导得有些信了。你找上我家门，要求我这，要求我那，可我也是人啊。我也是极端自私的东西啊。我帮助你我能图着什么呢？若我什么都图不着，我不是无利而起早吗？我何苦来着？我已生着病，躺在床上看看书不好吗？"

他说："算咱俩合作。算咱俩合作还不行吗？"——不惜血本大牺牲的口吻。

我说："我还是不能帮助你，也根本不想帮助你。因为你对我来说，也是地狱啊。我帮助地狱，也是太冒险的事啊，恩将仇报的人很多。我怎么敢设想你绝不是那种人？"

他信誓旦旦地说："请你一定相信我，我要是恩将仇报，天打五雷轰！"

第四章
世界繁乱，我们能够改变的恰恰只有我们自己

我说："你发誓也没有用。你发再重的誓也不能使我相信地狱不是地狱。"

他瞪大了眼睛瞅我，愣愣地呆在那儿。

看他那样儿，忍不住地，我就笑了。

我的话尽是调侃之词罢了，我并不跟他那么认真。倘我认真起来，兴许会把他赶出家门。一张口闭口"他人皆地狱"，而又以一种似乎应该的口吻求于他人的人，是讨厌的。除非他所面对的是神父、教士、修女。而我与神无缘，和生活中的大多数人一样，涵养有点也有限。只能做到以凡人的情绪来对凡人的心态。

我没打人心很古、世风淳厚的年代活过。果有那样的年代，自然是很令人缅怀过去。我的童年和少年是在很穷很苦的生活中度过的，也同时品尝过那些年代人心和世风对穷人的不古。当然那时在我看来，生活远比现在单纯得多。单纯并不意味着就是美妙。未成年的人对生活的感受无疑是幼稚的，因为他能和生活摩擦到哪儿去呢？又能和他人摩擦到哪儿去呢？如今我们从许多回忆文章中都能看出，当年大人们之心并不古。非但不古，且彼此互为地狱的情况不少。后来"文化大革命"的发生证明了这一点。

所以我想说，世道从来不曾古过。人心呢？我看也从来不曾。

但是不古的世道，一向自有人间的温情存在。正如不古的人心，彻底变成地狱是例外的绝望。尼采说过的偏激的话，并不比任何一位哲学家说过的偏激的话少。而哲学家大抵一开始都是以偏激

愿余生随遇而安，
　步步慢

企图匡正什么谬误的。

有这样一则儿童寓言，始终指导我认识生活真谛。

它讲的是——一个孩子，救了一个小精灵。小精灵答应他，可以满足他的三个愿望。

于是孩子大声说："让所有欺骗过他人的人都变成石头吧！"

结果一切人瞬间变成了石头。世界凝固了。孩子感到触目惊心的孤独，赶紧又大声说："让一切为了善的愿望而欺骗过的人再变过来吧！"便有一半的石头人活过来了。他们活过来后，纷纷哭泣——因为那另一半仍是石头的人，和他们有着种种血缘的关系。孩子被那么多人哭得不知所措，慌乱中说出第三个愿望——"让世界恢复原来的样子吧！"于是一切人都活过来了，包括无耻的骗子们。于是世界就是现在这个样子，几乎不曾改变过，并且将永远夹在天堂和地狱之间。普遍的人心也是夹在天堂和地狱之间的东西。

有位二十二岁的姑娘，伫立五层楼的阳台上，要往下跳。楼下的巷子里，拥塞了许多人，仰望她，有人期待她跳，期待亲眼一睹年轻的躯体怎样被摔得七窍流血一命呜呼……

有人大喊大叫：跳哇！跳哇！昭仓不是跳下去了吗？唐塔也跳下去了！所以请你也跳下去吧！（电影《追捕》之台词）……这是一九八四或一九八五年发生在湖北省孝感市的事情。姑娘死了……对于姑娘，巷子里那些渴望看见她死的人，乃地狱。我们很

第四章
世界繁乱，我们能够改变的恰恰只有我们自己

难猜测她当时内心里会想到些什么。但，在那人群中，却有一位老汉，顿足疾呼："姑娘，你千万不能啊！你还年轻哇！……"那老汉却遭到了他周围一伙流氓痞子的拳打脚踢。世上，是真有一些人的人心，只能用地狱比喻的。否认这一点是虚伪，害怕这一点是懦弱。祈祷地狱般的心从善，是迂腐。好比一个人愚蠢到祈祷这世上不要有苍蝇、蚊子、跳蚤、蛆、毛毛虫、毒蛇和蝎子之类。世界之所以叫世界，正因为它绝不可能干净到如人所愿的地步。世界是处在干净与肮脏之间的永恒的现实。人心也可以这样大致去加以分析。

在北京，有一对四十余岁的夫妻。丈夫患病，丧失了工作能力，每月只能开百分之六十的工资。妻子的工资也很低微，还有一对双胞胎女儿，还有老母亲。在目前北京的物价情况下，其生活之艰难可想而知。单位按章程办事，还照顾不到他头上……他当年是一个北大荒知青。他当年的知青伙伴们没有忘记他。每月每人出两元、五元、十元不等，有专人收齐，送到他的家里去……他们这样做已经整整三年了，还在这样做。他们会一直这样做下去的，这是毫无疑问的。还有不少温暖之手向他伸出。如果我们揣度他们这样做，有什么不可告人的动机的话，除了证明我们自己心里的阴暗和为人的混蛋，还能证明什么呢？

北京电影学院有一位教创作的教师，当年是一位内蒙古兵团的知识青年。一次他在新街口"西安餐馆"吃羊肉泡馍，见一喝醉了

酒的蒙古族汉子伏桌失声恸哭，引起许多人反感。他将那蒙古族汉子扶出了餐馆，扶至一僻静处，询问到北京来办什么事，遇到了什么困难，何以悲哀。告曰独生子女不幸得了癌症，在北京住院。而当父亲的，因家中有急事，又不得不撇下女儿，赶回内蒙古去。女儿无人托付，去则不忍，留则不成，哭以宣泄……

他说："你放心离开北京吧！我是当年内蒙古兵团的知青，我会代你经常到医院去探望你的女儿……"他说到了，也做到了。他告诉那蒙古族少女："我是你父亲的朋友。最好的朋友之一。"除了她的父亲，还从没有另外一个人到医院探望过她。每次同病房的人被探望，她是那么羡慕人家。而从此她可以获得一种情感满足了。北京对她来说，不再是举目无亲的城市了。北京有她父亲的"最好的朋友"，他答应她，会经常来看她。还给她读书，讲故事。能感受到这种关怀，对那患了绝症将不久于人世的蒙古族少女，是极其重要的，也是极其需要的。

一次，他又去探望她。问她最想吃什么，她说最想吃羊肉汤，而且立刻就想吃到。他便走出医院去买羊肉，但他衣兜里却只有七角几分钱，卖羊肉的个体摊位的摊主嫌不值得一卖，不卖。他只好请求于人家。人家听他说完，默默操起刀，啪地一刀，砍下二三斤上好的羊肉，叫他拿走，且不收他一分钱。

他困惑了，反而愣在那儿。

人家说："我当年也是内蒙古兵团的知青。善良的事，别叫你

第四章
世界繁乱，我们能够改变的恰恰只有我们自己

一个人做了。有机会，我也愿意做。"

他有什么不良企图吗？卖羊肉的也有什么不良企图吗？做如此揣度的人，只能是一种人——混蛋透顶之人。

若让小偷选总统的话，他们非常可能选扒手。并且，他们非常希望，每位受尊敬的人，其实都曾有过溜门撬锁的劣迹。更非常希望，能从人类知识中，寻找到偷窃行为属人类正当行为的根据。因而无数名人的言论被败类奉为座右铭，是丝毫也不奇怪的事。连真理有时也不能幸免遭到亵渎。

地狱并不在别处，正在每一个人内心里。所谓"圣界"也不在别处，也正在每一个人内心里。

坏人是死不绝的，正如好人是死不绝的。我们常常被告诫，要防备坏人。而这个世界，即使糟糕到极点，令人沮丧到极点，也起码是一个好人和坏人一样多的世界。故"他人皆地狱"，起码在一半意义上不是真理，而是心理变态者的呓语。纵然这句话最先是尼采说的，也完全可以这样认为。

在美国的一座城市里，每到圣诞节，总有一位老人徘徊街头，将一双双崭新的温暖的手套，赠送给不相识的、出门匆忙忘了戴手套的人们。他这样做已经整整十年。当别人问他为什么这样做，他说："能给予人们一点儿微小的关怀，我感到一种心灵的莫大愉快。"

他不是基督徒，也不是精神病患者。

在美国的一座城市里,有另一位老人于医院里将死去了。他唯一的愿望,就是死前能再见他在另一座城市的儿子一面。院方虽然代他通知了,但他的儿子分明不能及时赶来。在他弥留之际,主治医生和护士走到了他的床边。他以为是他的儿子来了,紧紧抓住主治医生的一只手,说:"亲爱的孩子,你不知我有多么想念你……"护士要将他的手和主治医生的手分开,而被主治医生用表情制止了。主治医生说:"亲爱的爸爸,我爱你!原谅我来迟了!……"他示意护士搬一把椅子给他。他在老人床边坐下了,就那么被老人紧紧抓住一只手,从午夜到黎明,从黎明到天黑,坐了近二十个小时,直到老人那只手自然地垂下……

这几件事,不是小说,是真人真事。

人间自有温情在。人间永远自有温情在。人内心里如果没有的东西,走遍世界无法找到。善善恶恶,善恶迭现,世界从来就是这个样子。

信奉"他人皆地狱"的人,是很可怜的人。因为他的心,像木炭。吸收一切世间美好的温馨的情感,却体会不到那一种温馨那一种美好,仍像木炭。

这样的人,我认为,是不值得给予他们什么关怀和帮助的。即使他们在请求于你甚至乞求于你的时候,内心里也是阴暗的,也是对他人怀有敌意的。

尤其是,对那些张口闭口"他人皆地狱"的人,万勿引以为友。避开他们,要像避开毒虫一样。因为,真的可能对他人构成地狱之险恶的人,正是出在他们那些人之中。

这是我的人生经验,也是我对一切善良人的忠告。

谓予不信,你睁大眼睛,仔细观察你周围的人,听听究竟谁在那里张口闭口说"他人皆地狱"。你不难得出结论,那些人,恰恰是些怎样的人……

愿余生随遇而安，
　步步慢

我如何面对困境

小蕙：

　　你来信命我谈谈对人生"逆境"所持的态度，这就迫使我不得不回顾自己匆匆活到四十七岁的半截人生。结果，我竟没把握判断，自己是否真的遭遇过什么所谓人生的"逆境"？

　　我曾不止一次被请到大学去，对大学生谈"人生"，仿佛我是一位相当有资格大谈此命题的作家。而我总是一再地推脱，声明我的人生至今为止，实在是平淡得很，平常得很，既无浪漫，也无苦难，更无任何传奇色彩。对方却往往会说，你经历过"三年困难时期"，经历过"文革"，经历过"上山下乡"，怎可说没什么谈的呢？其实这是几乎整整一代人的大致相同的人生经历。个体的我，摆放在总体中看，真是丝毫也不足为奇的。

　　比如我小的时候家里很穷，从懂事起至下乡为止，没穿过几次新衣服。小学六年，年年是"免费生"。初中三年，每个学期都享

第四章
世界繁乱，我们能够改变的恰恰只有我们自己

受二级"助学金"。初三了，自尊心很强了，却常从收破烂的邻居的破烂筐里翻找鞋穿，哪怕颜色不同，样式不同，都是左脚鞋或都是右脚鞋，在买不起鞋穿的无奈情况下，也就只好胡乱穿了去上学……有时我自己回想起来，以为便是"逆境"了。后来我推翻了自己的以为，因在当年，我周围皆是一片贫困。

倘说贫困毫无疑问是一种人生"逆境"，那么我倒可以大言不惭地说，我对贫困，自小便有一种积极主动的、努力使自己和家人在贫困之中也尽量生活得好一点儿的本能。我小学五六年级就开始粉刷房屋了。初中的我，已不但是一个出色的粉刷工，而且是一个很棒的泥瓦匠了。炉子、火墙、火炕，都是我率领着弟弟们每年拆了砌，砌了拆，越砌越好。没有砖，就推着小车到建筑工地去捡碎砖。我家住的，在"大跃进"年代由临时女工们几天内突击盖起来的房子，幸亏有我当年从里到外地一年多次地维修，才一年年仍可住下去。我家几乎每年粉刷一次，甚至两次，而且要喷出花儿或图案，你知道一种水纹式的墙围图案如何产生吗？说来简单——将石灰浆兑好了颜色，再将一条抹布拧成麻花状，沾了灰浆往墙上依序列滚动，那是我当年的发明。每次，双手被灰浆所烧，几个月后方能褪尽皮。在哈尔滨那一条当年极脏的小街上，在我们那个大杂院里，我家门上，却常贴着"卫生红旗"。每年春节，同院儿的大人孩子，都羡慕我家屋子粉刷得那么白，有那么不可思议的图案。那不是欢乐是什么呢？不是幸福感又是什么呢？

愿余生随遇而安，
　步步慢

　　下乡后，我从未产生跑回城里的念头。跑回城里又怎样呢？没工作，让父母和弟弟妹妹也替自己发愁吗？自从我当上了小学教师，我曾想，如果我将来落户了，我家的小泥房是盖在村东头还是村西头呢？哪一个女知青愿意爱我这个全没了返城门路打算落户于北大荒的穷家小子呢？如果连不漂亮的女知青竟也没有肯做我妻子的，那么就让我去追求一个当地人的女儿吧！

　　面对所谓命运，我从少年时起，就是一个极冷静的现实主义者。我对人生的憧憬，目标从来定得很近很近，很低很低，很现实很现实。想象有时也是爱想象的，但那也只不过是一种早期的精神上的"创作活动"，一扭头就会面对现实，做好自己在现实中首先最该做好的事，哪怕是在别人看来最乏味最不值得认真对待的事。

　　后来我调到了团宣传股，这是我人生中的第一次"上升阶段"。再后来我又被从团机关"精简"了，实际上是一种惩罚，因为我对某些团首长缺乏敬意，还因为我同情一个在看病期间跑回城市探家的知青。于是，我被贬到木材加工厂抬大木。

　　那是一次从"上升阶段"的直接"沦落"，连原先的小学教师都当不成了，于是似乎真的体会到了身处"逆境"的滋味儿，于是也就只有咬紧牙关忍。如今想来，那似乎也不能算是"逆境"，因为在我之前，许多男知青，已然在木材厂抬着木头且抬了好几年了。别的知青抬得，我为什么抬不得？为什么我抬了，就一定是"逆境"呢？

　　后来我被推荐上了大学。我的人生不但又"上升"了，而且

第四章
世界繁乱，我们能够改变的恰恰只有我们自己

"飞跃"了，成了几十万知青中的幸运者。

在大学我因议论"四人帮"，成为上了"另册"的学生。又因一张汇单，遭几名同学合谋陷害，几乎被视为变相的贼。那些日子，当然也是谈不上"逆境"的，只不过不顺遂罢了。而我的态度是该硬就硬，毕不了业就毕不了业，回北大荒就回北大荒。一次，因我说了一句对"四人帮"不敬的话，一名同学指着我道："你再重复一遍！"我就当众又重复了一遍，并将从兵团带去的一柄匕首往桌上一插，大声说："你他妈的可以去汇报！不会判我死刑吧？只要我活着，我出狱那一天，你的不安定的日子就来了！无论你分配到哪儿，我都会去找到你，杀了你！看清楚了，就用这把匕首！"

那事儿竟无人敢去汇报。

毕业时我的鉴定中多了一条别的同学所没有的——"与'四人帮'做过斗争"。想想怪可笑的，也不过就是一名青年学生对"四人帮"的倒行逆施说了些激愤的话罢了。但当年我更主要的策略是逃，一有机会，就离开学校，暂时摆脱心理上的压迫，甚至在一个上海知青的姨妈家，在上海郊区一个叫朱家桥的小镇上，一住就是几个星期……

这些都是一个幸运者当年的不顺遂，尽管也埋伏着人生的凶险，但都非大凶险，可以凭了自己的策略对付的小凶险而已。

一名高干子弟，我的一名知青战友，曾将他当年的日记给我看，他下乡第二年就参军去了，在北戴河当后勤兵，喂猪。他的日

愿余生随遇而安，
　步步慢

记中，满是"逆境"中人如坠无边苦海的"磨难经"——而当年在别的同代人看来，成了一名光荣的解放军战士，又是何等幸运何等梦寐以求的事啊！

鲁迅先生当年曾经说过家道中落之人更能体会世态炎凉的话。我以为，于所谓的"逆境"而言，也似乎只有某些曾万般顺遂、仿佛前程锦绣之人，一朝突然跌落在厄运中，于懵懂后所深深体会的感受，以及所调整的人生态度，才更是经验吧？好比公子一旦落难，便有了戏有了书。而一个诞生于穷乡僻壤的人，于贫困之中呱呱坠地，直至于贫困之中死去，在他临死之前问他关于"逆境"的体会及思想，他倒极可能困惑不知所答呢！

至于我，回顾过去，的确仅有些人生路上的小小不顺遂而已。实在是不敢妄谈"逆境"。而如今对于人生的态度，是比青少年时期更现实主义了。若我患病，就会想，许多人都患病的，凭什么我例外？若我生癌，也会想，不少杰出的人都不幸生了癌，凭什么上帝非呵护于我？若我惨遭车祸，会想，车祸几乎是每天发生的。总之我以后的生命，无论这样或那样了，都不再会认为自己是多么的不幸了。知道了许许多多别人命运的大跌宕，大苦难，大绝望，大抗争，我常想，若将不顺遂也当成"逆境"去谈，只怕是活得太矫情了呢！……

晓声

一九九六年六月三十日

第四章
世界繁乱，我们能够改变的恰恰只有我们自己

我和橘皮的往事

多少年过去了，那张清瘦而严厉的、戴六百度黑边近视镜的女人的脸，仍时时浮现在我眼前，她就是我小学四年级的班主任老师。想起她，也就使我想起了一些关于橘皮的往事……

其实，校办工厂并非今天的新事物。当年我的小学母校就有校办工厂，不过规模很小罢了。专从民间收集橘皮，烘干了，碾成粉，送到药厂去，所得加工费，用以补充学校的教学经费。

有一天，轮到我和我们班的几名同学，去那小厂房里义务劳动。一名同学问指派我们干活的师傅，橘皮究竟可以治哪几种病？师傅就告诉我们，可以治什么病，尤其对平喘和减缓支气管炎有良效。

我听了暗暗记在心里。我的母亲，每年冬季都为支气管炎所苦，经常喘作一团，憋红了脸，透不过气来。可是家里穷，母亲舍不得花钱买药，就那么一冬季又一冬季地忍受着，一冬季比一冬季

气喘得厉害。看着母亲喘作一团，憋红了脸透不过气来的痛苦样子，我和弟弟妹妹每每心里难受得想哭。我暗想，一麻袋又一麻袋，这么多这么多橘皮，我何不替母亲带回家一点儿呢？……

当天，我往兜里偷偷揣了几片干橘皮。

以后，每次义务劳动，我都往兜里偷偷揣几片干橘皮。

母亲喝了一阵子干橘皮泡的水，剧烈喘息的时候，分明地减少了，起码我觉着是那样。我内心里的高兴真是没法儿形容。母亲自然问过我——从哪儿弄的干橘皮，我撒谎，骗母亲说是校办工厂的师傅送的。母亲就抚摸我的头，用微笑表达她对她的一个儿子的孝心所感受到的那一份儿欣慰。那乃是穷孩子们的母亲们普遍的最由衷的也是最大的欣慰啊！……

不料想，由于一名同学的告发，我成了一个小偷，一个贼。先是在全班同学眼里成了一个小偷，一个贼，后来是在全校同学眼里成了一个小偷，一个贼。

那是特殊的年代。哪怕小到一块橡皮，半截铅笔，只要一旦和"偷"字连起来，也足以构成一个孩子从此无法刷洗掉的耻辱，也足以使一个孩子从此永无自尊可言。每每的，在大人们互相攻讦之时，你会听到这样的话——"你自小就是贼！"——那贼的罪名，却往往仅由于一块橡皮，半截铅笔。那贼的罪名，甚至足以使一个人背负终生。即使往后别人忘了，不再提起了，在他或她内心里，也是铭刻下了。这一种刻痕，往往扭曲了一个人的一生，改变

第四章
世界繁乱，我们能够改变的恰恰只有我们自己

了一个人的一生，毁灭了一个人的一生……

在学校的操场上，我被迫当众承认自己偷了几次橘皮，当众承认自己是贼。当众，便是当着全校同学的面啊！……

于是我在班级里，不再是任何一个同学的同学，而是一个贼。于是我在学校里，仿佛已经不再是一名学生，而仅仅是，无可争议地是一个贼，一个小偷了。

我觉得，连我上课举手回答问题，老师似乎都佯装不见，目光故意从我身上一扫而过。我不再有学友了，我处于可怕的孤立之中。我不敢对母亲讲我在学校的遭遇和处境，怕母亲为我而悲伤……当时我的班主任老师，也就是那一位清瘦而严厉的、戴六百度近视镜的中年女教师，正休产假。她重新给我们上第一堂课的时候，就觉察出了我的异常处境。放学后她把我叫到了僻静处，而不是教员室里，问我究竟做了什么不光彩的事。我哇地哭了……第二天，她在上课之前说："首先我要讲讲梁绍生（我当年的本名）和橘皮的事。他不是小偷，不是贼。是我嘱咐他在义务劳动时，别忘了为老师带一点儿橘皮，老师需要橘皮掺进别的中药治病。你们再认为他是小偷，是贼，那么也把老师看成是小偷，是贼吧！……"

第三天，当全校同学做课间操时，大喇叭里传出了她的声音。说的是她在课堂上所说的那番话……从此我又是同学的同学，学校的学生，而不再是小偷不再是贼了。从此我不想死了……我的班主任老师，她以前对我从不曾偏爱过，以后也不曾。在她眼里，以前

和以后，我都只不过是她的四十几名学生中的一个，最普通的最寻常的一个……但是，从此，在我心目中，她不再是一位普通的老师了。尽管依然像以前那么严厉，依然戴六百度的近视镜……

在"文革"中，那时我已是中学生了，没给任何一位老师贴过大字报。我常想，这也许和我永远忘不了我的小学班主任老师有某种关系。没有她，我不太可能成为作家。也许我的人生轨迹将彻底地被扭曲、改变，也许我真的会变成一个贼，以我的堕落报复社会。也许，我早已自杀了……

以后我受过许多险恶的伤害，但她使我永远相信，生活中不只有坏人，像她那样的好人是确实存在的……因此我应永远保持对生活的真诚热爱！

第四章
世界繁乱，我们能够改变的恰恰只有我们自己

我的使命

据我想来，一个时代如果矛盾纷呈，甚至民不聊生，文学的一部分，必然是会承担起社会责任感的。好比耗子大白天率领子孙在马路上散步，蹲在窗台上的家猫发现了，必然会很有责任感或使命感地蹿到街上去。当然有的猫仍会处事不惊，依旧蜷在窗台上晒太阳，或者跃到宠养者的膝上去喵喵叫着讨乖。谁也没有权力，而且也没有办法，没有什么必要将一切猫都撵到街上去。但是在谈责任感或使命感时，前一种猫的自我感觉必然会好些。

在那样的时代，有些小说家，自然而然地，可能由隐士或半隐士而狷士而斗士；有些诗人，可能由吟花咏月，而爆发出诗人的呐喊。怎样的文学现象，更是由怎样的时代而决定的。忧患重重的时代，不必世人翘首期待和引颈呼唤，自会产生出忧患型的小说家和诗人。以任何手段压制他们的出现都是煞费苦心徒劳无益的。倘一个时代，矛盾得以大面积地化解，国泰民安，老百姓心满意足，喜

兹乐兹，文学的社会责任感，也就会像嫁入了阔家的劳作妇的手一样，开始褪茧了。好比现如今人们养猫只是为了予宠，并不在乎它们逮不逮耗子。偶尔有谁家的娇猫不知从哪个土祠旮旯逮住一只耗子，叼在嘴里喵喵叫着去向主人证明自己的责任感或使命感，主人心里一定是甭提多么腻歪的了。在耗子太多的时代，能逮耗子的才是好猫。人家里需要猫是因为不需要耗子。人评价猫的时候，也往往首先评价它有没有逮耗子的责任感和使命感。在耗子不多了的时代，不逮耗子的猫才是好猫。人家里需要猫已并不是因为家里还有耗子。逮过耗子的猫再凑向饭桌或跃上主人的双膝，主人很可能正是由于它逮住耗子而呵唬它。嗅觉敏感的主人甚至会觉得它嘴里呼出一股死耗子味儿。在这样的时代，人们评价一只猫的时候，往往首先评价它的外观和皮毛。猫只不过是被宠爱和玩赏的活物，与养花养鱼已没了多大区别。狗的价值的嬗变也是这样。今天城里人养狗，不再是为了守门护院。狗市的繁荣，也和盗贼的多起来无关。何况对付耗子，今天有了杀伤力更强的鼠药。防患于失窃，也生产出了更保险的防盗门和防盗锁。

时代变了，猫变了，狗变了，文学也变了，小说家和诗人，不变也得变。原先是斗士，或一心想成为斗士、以成为斗士为荣的，只能退而求其次变成狷士，或者干脆由狷士变成隐士。做一个现代的隐士并不那么简单，没有一定的物质基础，虽然"隐"而"士"也总归潇洒不起来。所以旁操他业或使自己的手稿"与市场

第四章
世界繁乱，我们能够改变的恰恰只有我们自己

需求接轨"，细思忖也是那么的情有可谅。非但情有可谅，简直就合情合理啊！鲁迅先生即便活到现在，并且继续活将下去的话，在当代青年对徐志摩的诗和梁实秋的散文很热衷了一阵子之后，还要坚持他的《论资本家的乏走狗》的风骨吗？他是不是也会面对各方约稿应酬不暇，用电脑打出一篇篇闲适得不能再闲适的文章寄出去期待着稿费养家糊口呢？

但是问题在于——我们这个时代，究竟是忧患更多了，矛盾更普遍、更尖锐了，还是忧患和矛盾已被大面积地化解，接近于国泰民安，老百姓只要好好过日子就莺歌燕舞了？

任何一个人几乎都有一百条理由仍做一个忧患之士，比如信仰失落，道德沦丧，民心不古，情感沙化，官僚腐败，歹徒横行，吸毒卖淫，黑社会形成，贫富两极悬殊，大款穷奢极欲一掷万金，穷山沟里的孩子上不起学，男人娶不起老婆，拐卖妇女儿童案层出不穷……

这些足令某些人身不由己地变成忧患之士。如果他不幸同时还是小说家或诗人（今天诗人已经被时代消化得所剩无几了），那么他的小说里他的诗里，满溢着责任感使命感什么的，他大声疾呼文学要回归责任感使命感呀什么的，当他是个偏执狂，并不多么的公道，也难以证明自己才更是小说家或诗人。在他之前古今中外有过许许多多他这样的小说家和诗人，并不都是疯子，起码并不比尼采疯多少。比如杜甫和白居易的诗，直到今天仍在被世人经常引

用，一点儿也不比被自作聪明的后人贴上"纯诗"之标签的李清照和"超现实主义"之标签的李白缺少价值……

任何一个人几乎又都有一百条理由做一个闲适之士。如果他刚好同时还是小说家或诗人，便几乎又都有一百条理由认为，文学的责任感已变得那么的多余，已成一种病入膏肓的呓语。改革已取得了举世瞩目的伟大业绩，市场繁荣生活提高，"海"里很热闹，岸上很消停，老百姓人人都一门心思挣钱奔小康，朗朗乾坤光明宇宙，文学远离现实的时代明明的已经到来了，还遑论什么责任感使命感？喋喋不休地干什么哇？烦人不烦人呀？在他之前古今中外有过许许多多他这样的小说家和诗人。他们的小说和诗正被一批又一批地重新发现重新评价重新出版掀起过一阵阵的什么什么热，似乎证明了没什么社会责任感使命感的远比有责任感有使命感的小说或诗文学之生命力更长久……

倘偏说他们逃避现实也当然值得商榷。因为他们的为文的选择是不无现实根据的。

孰是孰非？

我想因人而异。甚至，更是因人的血质而异的吧？

当然，也由人的所处经济的、政治的、自幼生活环境和家庭影响背景所决定的吧？南方老百姓对现实所持的态度，与北方老百姓相比就大有区别。

南方知识分子谈起改革来，与北方知识分子也难折一衷。

第四章
世界繁乱，我们能够改变的恰恰只有我们自己

南方的官员与北方的官员同样有很多观点说不到一块儿去。

南方的作家和北方的作家，呈现出了近乎分道扬镳的观念态势，则丝毫也不足怪了。这就好比从前的猫与现在的猫，都想找到猫的那点子最佳的感觉，都以为自己找到的最佳亦最准确，其实作为猫，都仍是猫也不是猫了。于南方而言，并不意味着什么进化。于北方而言，并不意味着什么退化。只不过是同一个物种的嬗变罢了。何况，不论在南方和北方，作家还剩一小撮，快被时代干净、彻底地消化掉了。

所以现在是一个最不必讨论文学的时代，讨论也讨论不出个结果，恰符合"存在的即合理的"之哲学。

至于有几个西方人对中国文坛的评评点点，那是极肤浅极卖弄的。对于他们我是很知道一些底细的。他们来中国走了几遭，待了些日子，学会了说些中国话，你总得允许他们寻找到卖弄的机会。权当那是吃猫罐头长大的洋猫对中国的猫们——由逮耗子的猫变成家庭宠物的猫，以及甘心变成家庭宠物、仍想逮耗子的猫们的喵喵叫罢。从种的意义上而谈，它们的嬗变先于我们。过来人总要说过来话，过来猫也如此。本届诺贝尔文学奖授予一位美国黑人女作家，而她又是以反映黑人生活而无愧受之的，这本身就是对美国当代文学的一种含蓄的讽刺。

而我自己，如今似乎越来越悟明白了——小说本质上应该是很普通、很平凡、很寻常的。连哲学都开始变得普及的时代，小说的

愿余生随遇而安，
　步步慢

所谓高深，若不是作家的作秀，便是吃"评论"这碗饭的人的无聊而鄙俗的吹捧。我倒是看透了这么一种假象——所谓为文学而文学的作家，在今天其实是根本不存在的。以为自己是大众的启蒙者或肩负时代使命的斗士，自然很一厢情愿，很堂吉诃德。但以为自己高超地脱离了这个时代，肩膀上业已长出了一双仿佛上帝赋予的翅膀，在一片没有尘世污染的澄澈的文学天空上自由自在地飞翔，那也不过是一种可笑的感觉。全没了半点儿文学的责任感的负担，并不能吊在自己吹大的"正宗"文学的气球飞上天堂，刚巧就落在缪斯女神在奥林匹斯山为他准备好的一把椅子上……

　　但我有一天在北京电台的播音室里做热线嘉宾时，却没有说这么许多。归根结底，这是一些没意思的话。正如一切关于文学的话题今天都很没意思。所以还浪费笔墨写出来，乃是因为信马由缰地收不住笔了……

第四章
世界繁乱，我们能够改变的恰恰只有我们自己

"过年"的断想

我曾问儿子："是不是经常盼着自己快快长大？"

他摇头断然地回答："不！"

我也曾郑重地问过他的小朋友们同样的话，他们都摇头断然地回答并不盼着自己快快长大，说长大了多没意思哇。现在才是小学生，每天上学就够累了，长大了每天上班岂不更累了？连过年过节都会变成一件累事儿，多没劲啊！瞧你们大人，年节前忙忙碌碌的。年节还没过完往往就开始抱怨——仿佛是为别人忙碌为别人过的……

是的，生活在无忧无虑环境之中的孩子是不会盼着自己快快长大的。他们本能地推迟对任何一种责任感的承担。而一个穷人家庭里的孩子，却会像盼着穿上一件新衣服似的，盼着自己早一天长大。他们或她们，本能地企望能早一天为家庭承担起某种责任。现代京剧《红灯记》里的李玉和，不是曾这么夸奖过女儿么——提篮小卖拾煤渣，担水劈柴也靠她，里里外外一把手，穷人的孩子早当家。

愿余生随遇而安，
步步慢

　　我从童年起，就是一个早当家的穷人的孩子。

　　有时我瞧着自己的儿子，在心里默默地问我自己——我十二岁的时候，真的每天要和比我小两岁的弟弟到很远的地方去抬水吗？真的每天要做两顿饭吗？真的每个月要拉着小板车买一次煤和烧柴吗？那加在一起可是五六百斤啊！在做饭时，真的能将北方熬粥的直径两尺的大铁锅端起来吗？在买了粮后，真的能扛着二三十斤重的粮袋子，走一站多远的路回到家里吗？……

　　连我自己也不敢相信，残存在记忆之中的童年和少年时期的生活情形都是真的。而又当然是真的，不是梦……

　　由于家里穷，我小时候顶不愿过年过节。因为年节一定要过，总得有过年过节的一份儿钱。不管多少，不比平时的月份多点儿钱，那年那节可怎么个过法呢？但远在万里之外的四川工作的父亲，每个月寄回家里的钱，仅够维持最贫寒的生活。我从很小的时候就懂得体恤父亲。他是一名建筑工人。他这位父亲活得太累太累，一个人挣钱，要养活包括他自己在内一大家子七口人。他何尝不愿每年都让我们——他的子女，过年过节时都穿上新衣裳，吃上年节的饭菜呢？我们的身体年年长，他的工资却并不年年涨。他总不能将自己的肉割下来，血灌起来，逢年过节寄回家啊。如果他是可以那样的，我想他一定会那样。而实际上，我们也等于是靠他的血汗哺养着……

　　穷孩子们的母亲，逢年过节时是尤其令人怜悯的。这时候，人与鸟兽相比，便显出了人的无奈。鸟兽的生活是无年节之分的，故

第四章
世界繁乱，我们能够改变的恰恰只有我们自己

它们的母亲也就无须在某些日子将来临时，惶惶不安地日夜想着自己格外应尽什么义务似的。

我讨厌过年过节，完全是因为看不得母亲不得不向邻居借钱时必须鼓起勇气又实在鼓不起多大勇气的样子。那时母亲的样子最使我心里暗暗难过，我们的邻居也都是些穷人家。穷人家向穷人家借钱，尤其逢年过节，大概是最不情愿的事之一。但年节客观地横现在日子里，不借钱则打发不过去。当然，不将年节当成年节，也是可以的。但那样一来，母亲又会觉得太对不起她的儿女们。借钱之前也是愁，借钱之后仍是愁，借了总得还的。总不能等我们都长大了，都挣钱了再还。母亲不敢多借，即或是过春节，一般总借二十元。有时邻居们会善良地问够不够，母亲总说："够！够……"许多年的春节，我们家都是靠母亲借的二十元过的。二十元过春节，在今天看来仿佛是不可思议之事。当年也真难为了母亲……

记得有一年过春节，大约是我十四岁上初中一年级那一年，我坚决地对母亲说："妈，今年春节，你不要再向邻居们借钱了！"

母亲叹口气说："不借可怎么过呢？"

我说："像平常日子一样过呗！"

母亲说："那怎么行？你想得开，还有你弟弟妹妹们呢！"

我将家中环视一遍，又说："那就把咱家这对儿破箱子卖了吧！"

那是母亲和父亲结婚时买的一对儿箱子。

见母亲犹豫，我又补充了一句："等我长大了，能挣钱了，买

更新的,更好的!"

母亲同意了。

第二天,母亲帮我将那一对儿破箱子捆在一只小爬犁上,拉到街市去卖。从下午等到天黑,没人买。我浑身冻透了,双脚冻僵了。后来终于冻哭了,哭着喊:"谁买这一对儿箱子啊……"

我将两只没人买的破箱子又拖回了家。一进家门,我扑入母亲怀中,失声大哭……

母亲也落泪了。母亲安慰我:"没人买更好,妈还舍不得卖呢……"

母亲告诉我——她估计我卖不掉,已借了十元钱。不过不是向同院的邻居借的,而是从城市这一端走到那一端,向从前的老邻居借的,向我出生以前的一家老邻居借的……

如今,我真想哪一年的春节,和父母弟弟妹妹聚在一起,过一次春节,而父亲已经去世了。母亲牙全掉光了,什么好吃的东西也嚼不动了,只有看着的份儿。弟弟妹妹们已都成家了,做了父母了,往往针对我的想法说——"哥你又何必分什么年节呢!你什么时候高兴团聚,什么时候便当是咱们的年节呗!"

是啊,毕竟,生活都好过些,年节的意义,对大人也就不那么重要了。

所以,我现在也就不太把年当年,把节当节了,正如从来不为自己过生日。即便是有所准备地过年节,多半也是为了儿女高兴……

第四章
世界繁乱，我们能够改变的恰恰只有我们自己

赏悦你的花季

没有学生时代的人生是遗憾的、缺失的人生。而中学时代，是人生花季的第一个"节气"。在这个"节气"里的男孩儿和女孩儿，如柳丝之乍绿；如花蕾之欲开；如蚌壳里的沙刚刚包裹上珠衣；如才淌到离泉眼不远的地方，却没形成溪流的山水；如火烧云，即使天上无风，也能不时变幻出美丽的想象……

小学是六年。从初一到高三，也是六年。然而与小学相比，人生的后六年，是质量多么不同的六年啊！男孩儿和女孩儿，朦朦胧胧地觉得，自己在某些方面像是大人了。"让我来吧，妈妈！"——当男孩儿的力气使自己的母亲惊讶时，他心里是多么的自得啊。

"爸爸，这件事我能理解。"——当女孩儿如是说，或者并不说，仅用眼睛表达她那份儿明白时，实际上她觉得，她仿佛已经能反过来安慰大人了。

而往往的，也确实如此。父母一经从还是中学生的儿女那里获得到体恤，眼睛是会感动得发湿的。"女儿，你懂事了……""儿子，你快成大人了……"小学生不太能听到父母对他们这么说。中学时代的男孩儿和女孩儿，对从父母眼里、心里、话里流露出来的期望，也由此变得相当敏感了。父母的期望，教师的期望，学业的压力，每每使处在中学时代这个"节气"里的男孩儿和女孩儿，不禁地多了几许成长的烦恼。中学生一烦恼，是连上帝都会因而忧郁的。如果上帝存在的话……

没有这些烦恼多好呢？

但又哪儿有没有阴天的整个花季呢？

我觉得，中学生应该善于悦赏自己的"节气"。那些烦恼，那些困惑和迷惘，不也是自己这一"节气"的特征吗？知道米兰·昆德拉的那一本书吗？——《生命不能承受之轻》。没有责任的人生，其实也是认识不清自我存在价值的人生，当然也是并无多大意思的人生。

中学时代的男孩儿和女孩儿，之所以与小学生不同，正在于他或她从自己所感到的那些烦恼、困惑、迷惘之中，渐悟着自己是中学生的那一份责任。它不必一定是优异的学习成绩，但它一定得有发奋的能动性。

如果连这一点都觉得是强加的，那么就将花季理解得未免太懈怠了。在花季里，百花争妍，那也是花儿们向大自然证明着的一种

第四章
世界繁乱，我们能够改变的恰恰只有我们自己

自觉愿望啊！

中学时代，一切都应该变得有自觉性了。在这种自觉性的前提下，男孩儿和女孩儿请赏悦自己花季的第一个"节气"吧，包括这个"节气"里的霜和雨……

愿余生随遇而安，
　步步慢

玻璃匠和他的儿子

　　二十世纪八十年代以前，城市里每能见到一类游走匠人——他们背着一个简陋的木架走街串巷；架子上分格装着些尺寸不等、厚薄不同的玻璃。他们一边走一边招徕生意："镶——窗户！……镶——镜框！……镶——相框！……"

　　他们被叫作"玻璃匠"。

　　有时，人们甚至直接这么叫他们："哎，镶玻璃的！"

　　他们一旦被叫住，他们就有点儿钱可挣了。或一角，或几角。总之，除了成本，也就是一块玻璃的原价。他们一次所挣的钱，绝不会超过几角去。一次能挣五角钱的活，那就是"大活儿"了。他们一个月遇不上几次大活儿的。一年四季，他们风里来雨里去，冒酷暑，顶严寒，为的是一家人的生活。他们大抵是些由于这样或那样的原因而被拒在"国营"体制以外的人。按今天的说法，是些当年"自谋生路"的人。有"玻璃匠"的年代，城市百姓的日子都过

第四章
世界繁乱，我们能够改变的恰恰只有我们自己

得很拮据，也特别仔细。不论窗玻璃裂碎了，还是相框玻璃或镜子裂碎了；那大块儿的，是舍不得扔的，专等玻璃匠来了，给切割一番，拼对一番。要知道，那是连破了一只瓷盆都舍不得扔，专等锔匠来了给锔上的穷困年代啊！

玻璃匠开始切割玻璃时，每每吸引不少好奇的孩子围观。孩子们的好奇心，主要是由玻璃匠那一把玻璃刀引起的。玻璃刀本身当然不是玻璃的。玻璃刀看上去都是样子差不了哪儿去的刃具，像临帖的毛笔。刀头一般长方而扁，其上固定着极小极小的一粒钻石。玻璃刀之所以能切割玻璃，完全靠那一粒钻石。没有了那一粒小之又小的钻石，一把玻璃刀便一钱不值了。玻璃匠也就只得改行，除非他再买一把玻璃刀。而从前一把玻璃刀一百几十元，相当于一辆新自行车的价格，对于靠镶玻璃养家糊口的人，谈何容易！并且，也极难买到。因为在从前，在中国，钻石本身太稀缺了。所以，从前中国的玻璃匠们，用的几乎全是从前的从前也即一九四九年前的玻璃刀，大抵是外国货。一九四九年前的中国还造不出玻璃刀来。将一粒小之又小的钻石固定在铜或钢的刀头上，是一种特殊的工艺。可想而知，玻璃匠们是多么爱惜他们的玻璃刀！与侠客对自己的兵器的爱惜程度相比，也是不算夸张的。每一位玻璃匠都一定为他们的玻璃刀做了套子，像从前的中学女生为自己心爱的钢笔织一个笔套。有的玻璃匠，甚至为他们的玻璃刀做了双层的套子。一层保护刀头，另一层连刀身都套进去，再用一

条链子系在内衣兜里,像系着一块宝贵的怀表似的。当他们从套中抽出玻璃刀,好奇的孩子们就将一双双眼睛瞪大了。玻璃刀贴着尺在玻璃上轻轻一划,随之出现一道纹,再经玻璃匠的双手有把握地一掰,玻璃就沿纹齐整地分开了,在孩子们看来那是不可思议的……

我的一位中年朋友的父亲,便是从前年代的一名玻璃匠。他的父亲有一把德国造的玻璃刀。那把玻璃刀上的钻石,比许多玻璃刀上的钻石都大,约半个芝麻粒儿那么大。它对于他的父亲和他一家,意味着什么不必细说。

有次,我这一位朋友在我家里望着我父亲的遗像,聊起了自己曾是玻璃匠的父亲,聊起了他父亲那一把视如宝物的玻璃刀。

我听他娓娓道来,心中感慨万千。

他说他父亲一向身体不好,脾气也不好。他十岁那一年,他母亲去世了,从此他父亲的脾气就更不好了。而他是长子,下边有一个弟弟一个妹妹。父亲一发脾气,他就首先成了出气筒。年纪小小的他,和父亲的关系越来越紧张,也越来越冷漠。他认为他的父亲一点儿也不关爱他和弟弟妹妹。他暗想,自己因而也有理由不爱父亲。他承认,少年时的他,心里竟有点儿恨自己的父亲……

有一年夏季,父亲回老家去办理祖父的丧事。父亲临走,指着一个小木匣严厉地说:"谁也不许动那里边的东西!"——他知道父亲的话主要是说给他听的,同时猜到,父亲的玻璃刀放在那个小

第四章
世界繁乱，我们能够改变的恰恰只有我们自己

木匣里了。但他毕竟是个孩子啊！别的孩子感兴趣的东西，他也免不了会对之发生好奇心的呀！何况那东西是自己家里的，就放在一个没有锁的，普普通通的小木匣里！于是父亲走后的第二天他打开了那小木匣，父亲的玻璃刀果然在内。但他只不过将玻璃刀从双层的绒布的套子里抽出来欣赏一番，比划几下而已。他以为他的好奇心会就此满足，却没有。第三天他又将玻璃刀拿在手中，好奇心更大了，找到块碎玻璃试着在上边划了一下，一掰，碎玻璃分为两半，他就觉得更好玩了。以后的几天里，他也成了一名小玻璃匠，用东捡西拾的碎玻璃，为同学们切割出了一些玻璃的直尺和三角尺，大受欢迎。然而最后一次，那把玻璃刀没能从玻璃上划出纹来，仔细一看，刀头上的钻石不见了！他这一惊非同小可，心里毛了，手也被玻璃割破了。他怎么也没想到，使用不得法，刀头上那粒小之又小的钻石，是会被弄掉的。他完全搞不清楚是什么时候掉的，可能掉在哪儿了。就算清楚，又哪里会找得到呢？就算找到了，凭他，又如何安到刀头上去呢？他对我说，那是他人生中所面临的第一次重大事件。甚至，是唯一的一次重大事件。以后他所面临过的某些烦恼之事的性质，都不及当年那一件事严峻。他当时可以说是吓傻了……由于恐惧，那一天夜里，他想出了一个卑劣的方法——第二天他向同学借了一把小镊子，将一小块碎玻璃在石块上仔仔细细捣得粉碎，夹起半个芝麻粒儿那么小的一个玻璃碴儿，用胶水粘在玻璃刀的刀头上了。那一年是一九七二年，他

愿余生随遇而安，
　步步慢

十四岁……

　　三十余年后，在我家里，想到他的父亲时，他一边回忆一边对我说："当年，我并不觉得我的办法卑劣。甚至，还觉得挺高明。我希望父亲发现玻璃刀上的钻石粒儿掉了时，以为是他自己使用不慎弄掉的。那么小的东西，一旦掉了，满地哪儿去找呢？即使找不到，哪怕怀疑是我搞坏的，也没有什么根据。只能是怀疑啊……"

　　他的父亲回到家里后，吃饭时见他手上缠着布条，问他手指怎么了，他搪塞地回答，生火时不小心被烫了一下，父亲没再多问他什么。

　　翌日，父亲一早背着玻璃箱出门挣钱去，才一个多小时后就回来了，脸上阴云密布。他和他的弟弟妹妹吓得大气儿都不敢出一口。然而父亲并没问玻璃刀的事，只不过仰躺在床上，闷声不响地接连吸烟……

　　下午，父亲将他和弟弟妹妹叫到跟前，依然阴沉着脸但却语调平静地说："镶玻璃这种营生是越来越不好干了。哪儿哪儿都停产，连玻璃厂都不生产玻璃了。玻璃匠买不到玻璃，给别人家镶什么呢？我要把那玻璃箱连同剩下的几块玻璃都卖了。我以后不做玻璃匠了，我得另找一种活儿挣钱养活你们……"

　　他的父亲说完，真的背起玻璃箱出门卖去了……

　　以后，他的父亲就不再是一个靠手艺挣钱的男人了，而是一个

第四章
世界繁乱，我们能够改变的恰恰只有我们自己

靠力气挣钱养活自己儿女的男人了。他说，后来他的父亲做过临时搬运工，做过临时仓库看守员，还做过公共澡堂的临时搓澡人；居然还放弃一个中年男人的自尊，正正式式地拜师为徒，在公共澡堂里学过修脚……

而且，他父亲的暴脾气，不知为什么竟一天天变好了，不管在外边受了多大委屈和欺辱，再也没回到家里冲他和弟弟妹妹宣泄过。那当父亲的，对于自己的儿女们，也很懂得问饥问寒地关爱着了。这一点一直是他和弟弟妹妹们心中的一个谜，虽然都不免奇怪，却并没有哪一个当面问过他们的父亲。

到了我的朋友三十四岁那一年，也就是九十年代初，他的父亲因积劳成疾，才六十多岁就患了绝症。在医院里，在曾做过玻璃匠的父亲的生命之烛快燃尽的日子里，我的朋友对他的父亲孝敬倍增。那时，他们父子的关系已变得非常深厚了。一天，趁父亲精神还可以，儿子终于向父亲承认，二十几年前，父亲那一把宝贵的玻璃刀是自己弄坏的，也坦白了自己当时那一种卑劣的想法……

不料他父亲说："当年我就断定是你小子弄坏的！"

儿子惊讶了："为什么父亲？难道你从地上找到了……那么小那么小的东西啊，怎么可能呢？"

他的老父亲微微一笑，语调幽默地说："你以为你那种法子高明啊？你以为你爸就那么容易受骗呀？你又哪里会知道，我每次给人家割玻璃时，总是习惯用大拇指抹抹刀头。那天，我一抹，你粘

在刀头上的玻璃碴子,扎进我大拇指肚里去了。我只得把揣进自己兜里的五角钱又掏出来退给人家了。我当时那种难堪的样了就别提了,好些个大人孩子围着我看呢!儿子你就不想想,你那么做,不是等于要成心当众出你爸爸的洋相吗?"

儿子愣了愣,低声又问:"那你,当年怎么没暴打我一顿?"

他那老父亲注视着他,目光一时变得极为温柔,语调缓慢地说:"当年,我是那么想来着。恨不得几步就走回家里,见着你,掀翻就打。可走着走着,似乎有谁在我耳边对我说,你这个当爸的男人啊,你怪谁呢?你的儿子弄坏了你的东西不敢对你说,还不是因为你平日对他太凶吗?你如果平日使他感到你对于他是最可亲爱的一个人,他至于那么做吗?一个十四岁的孩子,那么做成是容易的吗?换成大人也不容易啊!不信你回家试试,看你自己把玻璃捣得那么碎,再把那么小那么小的玻璃碴儿粘在金属上容易不容易?你儿子的做法,是怕你怕的呀!我走着走着,我就流泪了。那一天,是我当父亲以来,第一次知道心疼孩子。以前呢,我的心都被穷日子累糙了,顾不上关怀自己的孩子们了……"

"那,爸你也不是因为镶玻璃的活儿不好干了才……"

"唉,儿子你这话问的!这还用问吗?"

我的朋友,一个三十五六岁的男人,伏在他老父亲身上,无声地哭了。几天后,那父亲在他的两个儿子一个女儿的守护之下,安详而逝……我的朋友对我讲述完了,我和他不约而同地吸起烟

第四章
世界繁乱，我们能够改变的恰恰只有我们自己

来，长久无话。那时，夕照洒进屋里，洒了一地，洒了一墙。

我老父亲的遗像，沐浴着夕照，他在对我微笑。他也曾是一位脾气很大的父亲，也曾使我们当儿女的都很惧怕。可是从某一年开始，他忽然似的判若两人，变成了一位性情温良的父亲。

我望着父亲的遗像，陷入默默的回忆——在我们几个儿女和我们的老父亲之间，想必也曾发生过类似的事吧。那究竟是一件什么事呢？——可我却没有我的朋友那么幸运，至今也不知道。而且，也不可能知道了，将永远是一个谜了……

愿余生随遇而安，
　步步慢

种子的力量

当然，种子在未接触到土壤的时候，是没有任何力量可言的。尤其，种子仅仅是一粒或几粒的时候，简直那么的渺小，那么的微不足道，那么的不起眼，谁会对一粒或几粒种子的有无当成回事呢？

我们吃的粮食，诸如大米、小米、苞谷、高粱……皆属农作物的种子；桃和杏的核儿，是果树的种子；柳树的种子裹在柳絮里，榆树的种子夹在榆钱儿里；榛树的种子就是我们吃的榛子，松树的种子就是我们吃的松子……都是常识。

据说，地球上的动物，包括人和家畜家禽类在内，哺乳类有四五千种之多；仅蛇的种类就在两千种以上；鸟类一万五千余种；鱼类三百种以上。虫类是生物中最多的，草虫之类的原生虫类一万五千余种；毛虫之类四千余种；章鱼、墨鱼、文蛤等软体动物近十万种；虾和螃蟹等甲壳类节肢动物估计两万种左右；而我们常

第四章
世界繁乱，我们能够改变的恰恰只有我们自己

见的蜘蛛竟也有三万余种；蝴蝶的种类同样惊人的多……

那么植物究竟有多少种呢？分纲别类地一统计，想必其数字之大，也是足以令我们咂舌的吧？想必，有多少类植物，就应该有多少类植物的种子吧？

而我见过，并且能说出的种子，才二十几种，比我能连绰号说出的《水浒》人物还少半数。

像许多人一样，我对种子发生兴趣，首先由于它们的奇妙。比如蒲公英的种子居然能乘"伞"飞行；比如某些植物的种子带刺，是为了免得被鸟儿吃光，使种类的延续受到影响；而某类披绒的种子，又是为了容易随风飘到更远处，占据新的"领地"……关于种子的许多奇妙特点，听植物学家们细细道来，肯定是非常有趣的。

我对种子发生兴趣的第二方面，是它们顽强的生命力。它们怎么就那么善于生存呢？被鸟啄食下去了，被食草类动物吞食下去了，经过鸟兽的消化系统，随粪排出，相当一部分种子，居然仍是种子。只要落地，只要与土壤接触，只要是在春季，它们就"抓住机遇"，克服种种条件的恶劣性，生长为这样或那样的植物。有时错过了春季，它们也不沮丧，也不自暴自弃，而是本能地加快生长速度，争取到了秋季的时候，和别的许多种子一样，完成由一粒种子变成一棵植物进而结出更多种子的"使命"。请想想吧，黄山那棵"知名度"极高的"迎客松"，已经在崖畔生长了多少年了

啊!当初,一粒松子怎么就落在那么险峻的地方了呢?自从它也能够结松子以后,黄山内又有多少松树会是它的"后代"呢?飞鸟会把它结下的松子最远衔到了何处呢?

我家附近有小园林。前几天散步,偶然发现有一蔓豆角秧,像牵牛花似的缠在一棵松树上。秧蔓和叶子是完全地枯干了。我驻足数了数,共结了七枚豆角。豆荚儿也枯干了。捏了捏,荚儿里的豆子,居然相当的饱满。在晚秋黄昏时分的阳光下,豆角静止地垂悬着,仿佛在企盼着人去摘。

在几十棵一片的松林中,怎么竟会有这一蔓豆角秧完成了生长呢?

哦,倏忽间我想明白了——春季,在松林前边的几处地方,有农妇摆摊卖过粮豆……

为了验证我的联想,我摘下一枚豆角,剥开枯干的荚儿,果然有几颗带纹理的豆子呈现于我掌上。非是菜豆,正是粮豆啊!它们的纹理清晰而美观,使它们看去如一颗颗带纹理的玉石。

那些农妇中有谁会想到,春季里掉落在她摊床附近的一颗粮豆,在这儿会度过了由种子到植物的整整一生呢?是风将它吹刮来的?是鸟儿将它衔来的?是人的鞋在雨天将它和泥土一起带过来的?每一种可能都是前提,但前提的前提,乃因它毕竟是将会长成植物的种子啊!……

我将七枚豆荚都剥开了,将一把玉石般的豆子用手绢包好,揣

第四章
世界繁乱，我们能够改变的恰恰只有我们自己

入衣兜。我决定将它们带回交给传达室的朱师傅，请他在来年的春季，种于我们宿舍楼前的绿化地中。既是饱满的种子，为什么不给它们一种更加良好的、确保它们能生长为植物的条件呢？

大约是一九八四年，我们十几位作家在北戴河开笔会。集体散步时，有人突然指着叫道："瞧，那是一株什么植物呀？"——但见在一片蒿草中，有一株别样的植物，结下了几十颗红艳艳的圆溜溜的小豆子。红得是那么的抢眼，那么的赏心悦目。红得真真爱煞人啊！

内中有南方作家走近细看片刻，断定地说："是红豆！"

于是有诗人诗兴大发，吟"红豆生南国，春来发几枝"之句。

南方的相思红豆，怎么会生长到北戴河来了呢？而且，孤单单的仅仅一株，还生长于一片蒿草之间。显然，不是人栽种的。也不太可能是什么鸟儿衔着由南方飞至北方带来并且自空中丢下的吧？

年龄虽长，创作思维却最为活跃浪漫的天津作家林希兄，以充满遐想意味的目光望那艳艳的红豆良久，遂低头自语："真想为此株相思植物，写一篇纯情小说呢！"

众人皆促他立刻进入构思状态。

有一作家朋友欲采摘之，林希兄阻曰：不可。曰：愿君勿采撷，留作相思种。数年后，也许此处竟结结落落地生长出一片红豆，供人经过时驻足观赏，岂非北戴河又一道风景？

于是一同离开。林希兄边行边想，断断续续地虚构一则缠绵悱

愿余生随遇而安，
　步步慢

恻的爱情故事，直听得我等一行人肃静无声。可惜十几年后的今天，我已记不起来了，不能复述于此。亦不知他其后究竟写没写成一篇小说发表……

　　我是知青时，曾见过最为奇异的由种子变成树木的事。某年扑灭山火后，我们一些知青徒步返连。正行间，一名知青指着一棵老松嚷："怎么会那样！怎么会那样！"——众人驻足看时，见一株枯死了的老松的秃枝，遒劲地托举着一个圆桌面大的巢，显然是鹰巢无疑。那老松生长在山崖上，那鹰巢中，居然生长着一株柳树，树干碗口般粗，三米余高。如发的柳丝，繁茂倒垂，形成帷盖，罩着鹰巢。想那巢中即或有些微土壤，又怎么能维持一棵碗口般粗的柳树的根的巩扎呢？众人再细看时，却见那柳树的根是裸露的——粗粗细细地从巢中破围而出，似数不清的指，牢牢抓住着巢的四周。并且，延长下来，盘绕着枯死了的老松的干。柳树裸露的根，将柳树本身，将鹰巢，将老松，三位一体紧紧编结在一起。使那巢看去非常的安全，不怕风吹雨打……

　　一粒种子，怎么会到鹰巢里去了呢？又怎么居然会长成碗口般粗的柳树呢？种子在巢中变成一棵嫩树苗后，老鹰和雏鹰，怎么竟没啄断它呢？

　　种子，它在大自然中创造了多么不可思议的现象啊！

　　我领教种子的力量，就是这以后的几件事。

　　第一件事是——大宿舍内的砖地，中央隆了起来，且在夏季

第四章
世界繁乱，我们能够改变的恰恰只有我们自己

里越隆越高。一天，我这名知青班长动员说："咱们把砖全都扒起，将砖下的地铲平后再铺上吧！"于是说干就干，砖扒起后发现，砖下嫩嫩的密密的，是生长着的麦芽！原来这老房子成为宿舍前，曾是麦种仓库。落在地上的种子，未被清扫便铺上了砖。对于每年收获几十万斤近百万斤麦子的人们，屋地的一层麦粒，谁会格外爱惜呢？而正是那一层小小的、不起眼的麦种，不但在砖下发芽生长，而且将我们天天踩在上面的砖一块块顶得高高隆起，比周围的砖高出半尺左右……

第二件事是——有位老职工回原籍探家，请我住到他家替他看家。那是在春季，刚下过几场雨。他家灶间漏雨，雨滴顺墙淌入了一口粗糙的木箱里。我知那木箱里只不过装了满满一箱喂鸡喂猪的麦子，殊不在意。十几天后的深夜，一声闷响，如土地雷爆炸，将我从梦中惊醒。骇然地奔入灶间，但见那木箱被鼓散了几块板，箱盖也被鼓开，压在箱盖上的腌咸菜用的几块压缸石滚落地上，膨胀并且发出了长芽的麦子泻出箱外，在地上铺了厚厚一层……

于是我始信老人们的经验说法——谁如果打算生一缸豆芽，其实只泡半缸豆子足矣。万勿盖了缸盖，并在盖上压石头。谁如果不信这经验，膨胀的豆子鼓裂谁家的缸，是必然的。

我们兵团大面积耕种的经验是——种子入土，三天内须用拖拉机拉着石碾碾一遍，叫"镇压"。未经"镇压"的麦种，长势不旺。

愿余生随遇而安，
*　步步慢*

人心也可视为一片土。

因而有词叫"心地"，或"心田"。

在这样那样的情况下，有这样那样的种子，或由我们自己，或由别人，一粒粒播下在我们的"心地"里了。可能是不经意间播下的，也可能是在我们自己非常清楚非常明白的情况下播下的。那种子可能是爱，也可能是恨；可能是善良的，也可能是憎恨的，甚至可能是邪恶的。比如强烈的贪婪和嫉妒，比如极端的自私和可怕的报复的种子……

播在"心地"里的一切的种子，皆会发芽，生长。它们的生长皆会形成一种力量。那力量必如麦种隆起铺地砖一样，使我们"心地"不平。甚至，会像发芽的麦种鼓破木箱，发芽的豆子鼓裂缸体一样，使人心遭到破坏。当然，这是指那些丑恶的甚至邪恶的种子。对于这样一些种子，"镇压"往往适得其反。因为它们一向比良好的种子在人心里长势更旺，自我"镇压"等于促长。某人表面看去并不恶，突然一日做下很恶的事，使我们闻听了呆若木鸡，往往便是由于自以为"镇压"得法，其实欺人欺己。

唯一行之有效的措施是，时时对于丑恶的邪恶的种子怀有恐惧之心。因为人当明白，丑陋的邪恶的种子一旦入了"心地"，而不及时从"心地"间掘除了，对于人心构成的危险是如癌细胞一样的。

首先是，人自己不要往"心地"里种下坏的种子；其次是，别

第四章
世界繁乱，我们能够改变的恰恰只有我们自己

人如果将一粒坏的种播在我们心里了，那我们就得赶紧操起我们理性的锄子……

"人之性如水焉，置之圆则圆，置之方则方"——古人在理之言也。

人类测试出了真空的力量。

人类也测试出了蒸汽的动力。

并且，两种力都被人类所利用着。

可是，有谁测试过小小的种子生长的力量吗？

什么样的一架显微镜，才能最真实地摄下好的种子或坏的种子在我们"心地"间生长的速度与过程呢？

没有之前，唯靠我们自己理性的显微倍数去发现……

愿余生随遇而安，
　步步慢

做竹须空，做人须直

"人生"对我是个很沉重的话题。

五次文代会我因身体不好迟去报到了两天。会上几次打电话到厂里催我，还封了我一个"副团长"。

那天天黑得异常早，极冷，风也大。

出厂门前，我在收发室逗留了一会儿，发现了寄给我的两封信。一封是弟弟写来的，一封是哥哥写来的。我一看落款是"哈尔滨精神病院"，一看那秀丽的笔画搭配得很漂亮的笔体，便知是哥哥写来的。我已近十五六年没见过哥哥的面了，已近十五六年没见过哥哥的笔体了，当时那一种心情真是言语难以表述。这两封信我都没敢拆，我有某种沉重的预感。看那两封信，我当时的心理准备不足。信带到了会上，隔一天我才鼓起勇气看。弟弟的信告诉我，老父亲老母亲都病了。他们想我，也因《无冕皇帝》的风波为我这难尽孝心的儿子深感不安。哥哥的信词句凄楚之极——他在精

第四章
世界繁乱，我们能够改变的恰恰只有我们自己

神病院看了根据我的小说《父亲》改编的电视剧，显然情绪受了极大的刺激。有两句话使我整个儿的心战栗——"我知我有罪孽，给家庭造成了不幸。如果可能，我宁愿割我的肉偿还家人！""我想家，可我的家在哪啊？谁来救救我？哪怕让我再过上几天正常人的生活就死也行啊！"

我对坐在身旁的影协书记张青同志悄语，请她单独主持下午会议发言，便匆匆离开了会场。一回到房间，我恨不得大哭，恨不得大喊，恨不得用头撞墙！我头脑中一片空白，眼泪默默地流。几次闯入洗澡间，想用冷水冲冲头，进去了却又不知自己想干什么……

我只反复地在心里对自己说两个字：房子、房子、房子。

母亲已经七十二岁，父亲已经七十八岁。他们省吃俭用，含辛茹苦抚养大了我。我却半点孝心也没尽过！他们还能活在世上几天？我一定要把他们接到身边来！我要他们死也死在我身边！我要发送他们，我有这个义务！我的义务都让弟弟妹妹分担了，而弟弟妹妹们的居住条件一点儿也不比我强！如果我不能在老父老母活着的时候尽一点儿孝子之心，我的灵魂将何以安宁？

哥哥是一位好哥哥，大学里的学生会主席。我与哥哥从小手足之情甚笃。我做了错事，哥哥主动代我受过。记得我小时候生过一场大病，想吃蛋糕。深更半夜，哥哥从郊区跑到市内，在一家日夜商店给我买回了半斤蛋糕！那一天还下着细雨，那一年哥哥也不过才十二三岁……

愿余生随遇而安，
　步步慢

有些单位要调我，也答应给房子，但需等上一二年，童影的领导会前也找我谈过，也希望我到童影去起一些作用。童影的房子也很紧张，但只要我肯去，他们现调也要腾出房子来，当时我由于恋着创作，未下决心。

面对着两封信，一切的得失考虑都不存在了。

我匆匆草了一页半纸的请调书——用的就是五次文代会的便笺。接着，我去将童影顾问于蓝同志从会上叫出，向她表明我的决心。老同志一向从品格到能力对我充满信任感，执着双手说："你做此决定，我离休也安心了！"随后我将北影新任厂长宋崇叫出，请他——其实是等于逼他在我的请调书上签了字。开始他愣愣地瞧着我，半晌才问："晓声，你怎么了？你对我有什么误解没有？"我将两封信给他看。他看后说："我答应给你房子啊！我在全厂大小会上为你呼吁过啊！"这是真话。这位新上任的厂长对我很信任，很关心，而且是由衷的。岂止是他，全体北影艺委会都为我呼吁过。连从不轻率对任何事表态的德高望重的老导演水华同志，都在会上说过"不能放梁晓声走"的话。北影对我是极有感情的，我对北影也是极有感情的。

记得我当时对宋崇说的是："别的话都别讲了，北影的房子五月份才分，而我恨不得明天后天就将父亲母亲哥哥接来！别让我跪下来求你！"

他这才真正理解了我的心情，沉吟半晌说："你给我时间，让

第四章
世界繁乱，我们能够改变的恰恰只有我们自己

我考虑考虑。"

下午，他还给了我那请调报告，我见上面批的是"既然童影将我支持给了北影，我没有任何理由不将晓声支持给童影。但我的的确确很不愿放他走"。

为了房子，到童影干什么我都心甘情愿，哪怕是公务员。童影当然不是调我去当公务员，于是我现在成了童影的艺术厂长……

我已正式到童影上班两个多月了，给我的房子却还未腾出来。

我身患肝硬化，应全休，但我能刚刚调到童影就全休吗？每天上班，想不上班也得上班。中午和晚上回去迟了，上了小学的儿子进不了家门，常常在走廊里哭。

房子没住上就不担当工作吗？那也未免过分的功利了。事实上，我现在已是全部身心地投入我的那份工作。我总不能骗房子住啊！

"人生"这个话题对我来说真是沉重的，我谈这个话题如同癌症患者对人谈患癌症的症状……

我从前不知珍惜父母给予我的这血肉之躯，现在我明白这是一个大的错误。明白了之后我还是把自己"抵押"给了童影厂。现在我才了解我自己其实是很怕死的，怕死更是因为觉得遗憾。身为小说家面对这纷杂的迷乱的浮躁的时代，我认为仍有那么多可以写的能够写的值得写的。我最需要谨慎地爱惜自己的时候，亲人和朋友们善良劝告，我也只能当成是别人的一种善良而已。我的血肉之躯是父母给予我的，我以血肉之躯回报父母，我别无选择。这是无奈

的事。我认可这无奈，同时牢记着家母的训导。

家母对我做人的训导是——做竹须空，做人须直。

在我的中学毕业鉴定中，写有这样的评语：该学生性格正直，富有正义感。责人宽，克己严……一九八六年，"文革"第三年，我的鉴定中没有"造反精神"如何如何之类，而有这样的评语，乃是我的中学母校对我的最高评定。这所学校当年未对第二个学生做出过同样的评语。

在我离开兵团连队的鉴定中，也写有这样的评语：该同志性格正直，富有正义感，要求自己严格……

在我从复旦大学毕业的鉴定中，还写有这样的评语：性格正直，有正义感，同"四人帮"做过斗争，希望早日入党……十六位同学集体评定，连和我矛盾极深的同学，亦不得不对这样的评语点头默认……

在我离开北影的鉴定中，仍写有这样的评语：正直，正派，有正义感，对同志真诚，勇于作自我批评。

我不是演员。演员亦不可能从少年到青年到成年，二十多年表演不是自己本质的另一个人到如此成功的地步！我看重"正直、正派、真诚"这样的评语，胜过其他一切好的评语。这三点乃是我做人的至死不渝的准则。我牢牢记住了家母的训导，我对得起母亲！我尤其骄傲的是在我较长期生活和工作过的任何地方，包括一直不能同我和睦相处的人，亦不得不对我的正直亦敬亦畏。我从不阿谀奉承，从不见风使舵。仅以北影为例，我与历届文学部主任

第四章
世界繁乱，我们能够改变的恰恰只有我们自己

拍过桌子，"怒发冲冠"过，横眉竖目过，但他们之中的绝大多数，如今都是我的"忘年交"。我调走得那么突然，他们对我依依不舍，惋惜我走前没入党。早在几年前，老同志们就对我说："晓声，写入党申请书吧，趁现在我们这些了解你的人还在，你应该入党啊！你这样的年轻人入党，我们举双手！有一天我们离休了，只怕难有人再像我们这么信任你了！"党内的同志们，甚至要在我走前，召开支部会议，"突击"发展我入党。是我阻止了，连刚刚到北影不久的厂长宋崇，对此也深有感慨。

我愿正直、正派、真诚、正义这些评语，伴我终生。人能活到这样，才算不枉活着！

人在今天仍能获得这些，当然也是一种幸福！所以我又有理由说，我活得还挺幸福。

最主要的，我自己认为是最主要的，我已并不惭愧地得到了，其他便是次要的、无足轻重的。

我对自己的做人极满意。

我是不会变的。真变了的是别人。一种类似文痞、流氓的行径，我看到在文坛在社会挺有市场。

我蔑视和厌恶这一现象。

真的文坛之丑恶，其实正是这一现象。

我将永久牢记家母关于做人的训导——做竹须空，做人须直……好母亲应该有好儿子。反之是人世间大孽。